自由と創造

～医師、研究者、学長として～

名古屋市立大学学長

郡

中経マイウェイ新書 052

目次

第一章　原点　医師を志す

留学終え、知る人ない名古屋に

1949（昭和24）年1月、私は大阪府中河内郡三郷村《みのごうむら》に生まれた。母が産気づくと、父が近くの産婆さんを呼びに行った。当時は病院ではなく、家で出産するのが一般的な時代だった。

三郷村は55（昭和30）年の4町村合併で河内市となり、67（昭和42）年に3市が合併して現在の東大阪市になったが、「河内」と言ったほうがイメージしやすいかもしれない。

幼いころ、私の周囲にあったのは田んぼや畑ばかりだった。遊び友だちは、映画「悪名」に登場する八尾の朝吉の息子のような子どもばかりで、話す言葉は「われ」とか「おのれ」という河内弁だった。

ところが、私の話す言葉は違っていた。生粋の河内の出ではなく、郡家は31

（昭和6）年の祖父母の代に、徳島県から移住してきたよそ者だったからだ。したがって、家の中で話す言葉は河内弁ではなく、自分のことを「僕」と言い、友だちを「君」づけで呼んでいた。

一人だけ話す言葉が違っていれば、いじめられることになりそうだが、当時はそうではなかった。むしろ、小学校へ通うようになると、校長先生は学校の朝礼でこう言った。「郡くんのような言葉使いをするように」。私はうそ恥ずかしく下を向いて聞いていた。

郡家のルーツは、戦国時代は徳島市から西へ約30キロ先にある西麻植《にしおえ》というところの一族で、吉野川の中洲沿いに「郡城」という城を構えていたそうだ。今でも先祖代々の墓と城跡はその地にある。

阿波徳島を蜂須賀家が治めるようになると、私の先祖はこれに仕え、江戸時代は代々学問や馬術を教えていた。

また、父方の祖母のルーツをたどっていくと、江戸で幕府にも使えた儒学者の柴野栗山に行きつく。

明治になって廃藩置県や版籍奉還、それに続く秩禄処分により士族の身分がなくなり、幾ばくかのお金を手にした祖先が質屋を始めたそうだが、目利きもできず、質草は流れて二束三文になり、家屋敷を手放す羽目になった。

このことを引き合いに出して、祖母からは「コツコツ勉強して自分の専門のことをやらないかんでよ」と徳島弁で諄諄《じゅんじゅん》と説いて聞かされた。

私は英国政府と文部科学省との交換研究員として英国へ留学し、帰国してしばらくした44歳の時に、誰一人知る人のいない名古屋へ赴任してきたが、これは「蜂須賀家のルーツである尾張との縁なのかもしれない」と思ったりしたものだ。

筆者近影

筆者の似顔絵
有吉朝美福岡大学泌尿器科名誉教授による

研究者の父、社交的な母

私がもの心ついたころの家族は、すでに祖父が亡くなっていたので、祖母と両親、兄、私、妹の6人だった。

私の記憶の中の父郡定之《さだゆき》は、寡黙で優しく、賢く、とても偉大な人であり、いつも机に向かって勉強しているイメージが強く残っている。

博学で勉強好きな父は、大学の研究者になることが夢だったが、父の父、すなわち勤務歯科医をしていた祖父が胃がんで亡くなってしまい、一家を支えなければならない、という使命が父の両肩にのしかかってきた。

そんな父を諭したのは、大学の恩師だった。大学に勤務しての研究生活は薄給であり、とても家族を支えていくことはできない、と伝えたのだ。

そこで父は夢をあきらめ、製薬会社に勤務することになったが、ここでも研究者としての生活を貫き、勤務しながら博士号を取得した。私自身意識していないが、幼いころからそんな父の背中を見ていたことが、研究者への道を選択させたのかもしれない。

一方、母郡元子《ちかこ》はからっとしていて、くよくよすることがなく、何事にも前向きな人だ。社交的で分け隔てなく世話好きである。子どもたちに対しては教育熱心であり、「財産は残せないが、教育だけは身につけさせる」というのが口癖だった。

このような明るい性格のおかげなのか、98歳になった今も健在で、気力は充実していて、兄夫婦と同じ敷地に住んでいる。いま私が名古屋で自由に勤められるのは兄夫婦のお陰と感謝している。

私の幼いころの出来事として、「結核性脳膜炎事件」があった。私が狂ったように泣き叫ぶので、家の近くの開業医に診てもらうと、「結核性脳膜炎の疑いがある」と言われたのだ。

当時の結核は不治の病で、治療薬は父の1年分の給与に相当するくらい高額だった。そんな薬を使わなければ、子どもは助からない。しかも後遺症が残る。

両親は思い悩み、私を自転車に乗せ、大阪市内に住んでいる父の友人で医師の吉岡観八《よしおかかんぱち》先生宅へ運んだ。診断結果は予想外のものだった。

「お腹に虫がいる」——。

私は虫下しを飲まされ、大きな回虫が出てくると、何事もなかったかのように、けろっと元気を取り戻したのだった。当時の衛生状態は悪く死因の一位は赤痢や結核などの感染症であった。

わが国は現在、超長寿社会になっているが、平均寿命が50歳を超えたのはわずか70年ほど前、1947（昭和22）年のことで、その主な理由は感染症を克服したことである。人類の歴史は感染症との戦いの歴史でもある。

叔父を加えた家族７人（手前左が筆者）

母の感想文で受賞？

次男坊の私は、３歳年上の兄俊太郎《としたろう》に付きまとって遊んでいた。入学する前から、兄について小学校へ行き、一緒に学校にいた。そんな時代だった。ある日、先生が算数の問題を出した時、私はその答えを言ってしまった。兄が家で勉強しているのを見ていたので、問題の途中で答えが分かってしまったのだ。褒めてはもらえず、出過ぎた子どもだと私はひどく怒られた。

小学校は自宅から歩いて20、30分のところにある三郷小学校で、やがて私も入学した。しかし、１年生の時に町村合併があり、三郷村は分断されて、住所は河内市になった。

新しく河内市立花園小学校が開校し、私はそこへ2年生から通うようになった。家に近いので通学は便利になったが、友だちと別れなければならなかった。

校舎は田んぼの中に建てられ、近くに天井川が流れていたので、氾濫すると教室の中まで水浸しになった。

小学校時代の私はさほど勉強をした記憶がなく、日が暮れても遊び続け、家を閉めだされたこともあった。野球三昧の毎日で、大阪に住んでいたにもかかわらず、巨人ファンだった。給食がなかったので、昼食は自宅へ食べに帰り、よく忘れ物をする子どもだった。小学校は家の近くだったので、一日に何往復も走ったためか、運動会や球技会では花形だった。

母は「勉強しなさい」とは言わなかったが、文字を書くという基本的なことはしっかり身につけておくべきだと考えていたのか、夏休みや書き初めでは何枚も習字を書かされた。

5年生の時、こんなことがあった。私は読書が嫌いで、読書感想文の宿題は兄の中学校の教科書に載っていた芥川龍之介の「蜘蛛の糸」に目を通して書き上げた。

それを読んだ母は、あまりにもひどいと書き直し、私はそれを提出した。すると、大阪府の賞を受賞してしまい、みんなから「すごい」と賞賛された。

小学校に新聞社の人がやって来て、本と一緒に写真を撮りたいという。兄の教科書を取りに走って家へ帰ったが、兄が中学校へ持っていっているので、教科書がない。父の書棚を探すと、芥川龍之介全集があったので、その中の一冊を持って行った。

教科書用の文章ではなく、旧仮名づかいの文章だったので、「これはすごい」とさらに賞賛され、私はどうすればいいのか分からず、ただ黙ってうつむいていた。

開校間もない河内市立花園小学校（運動会で先頭を走る筆者）

生家と子どもの頃遊んだ隣の田畑

祖父母が教えてくれたこと

同居していた父方の祖母郡スミは、しっかりしていて聡明で、優しいが負けん気の強い人で、母とはよくある嫁姑《しゅうとめ》の間柄だった。祖父は生まれた時には他界していたので、思い出には残っていない。

私の幼少期の人格形成に影響を与えたひとりは、母方の祖父母だった。祖父前田要《かなめ》は漢文学者で高校の教員をしており、校長も務めた。義理堅く、実直、謙虚で気配りを忘れない人だった。母方の祖母マツ子も負けん気が強く、厳格な人だった。

祖父母は幼い私に、生きていくために大切な心構えを教えてくれた。たとえば、「実るほど頭《こうべ》を垂れる稲穂かな」。あるいは「吐いた唾は自分に返ってくる」「井の中の蛙になるな」など、自身が謙虚な祖父母は、私たち孫にも謙虚な生き方を説いていたのだと思う。

少し成績が良くても、世の中には自分より優れた人は何人もいると、狭い田舎に暮らしている孫に伝えたかったのだろう。私は中学校に進学して、そのことを気づかされることになる。

その田舎の生活や風景は3、4年生のころから変化していった。友だちの家に続いて、わが家もテレビを購入した。皇太子殿下（現在の昭仁上皇さま）と美智子妃殿下のご成婚のパレードを見るためにご近所の人たちがわが家に集った。そんな時代だった。

一方、農薬が使われるようになり、危険なので田んぼで遊んではいけない、と学校でも注意されていた。それを無視して遊んでいた私は、田んぼの水にはまってしまった。妹佐栄子《さえこ》が見つけ、「ケンちゃんが死ぬ」と泣き出した。田んぼから出ると、洗い流すために、妹は井戸のポンプを押し続けて水を掛けてくれた。

その頃、川にはフナなどの魚が浮いていたことがあった。年を経るにつれて、田んぼに家が建ち、町工場が建設されると、環境汚染はさらに進み、川が濁り、水遊びはできなくなった。

牛から耕運機へと農業のやり方も変化し、緑が減って、空気が汚れ、子ども心にも美しい自然が失われていくのを寂しく感じていた。

このように経済成長は田舎の風景を変えていったが、悪いことだけではなかった。私はそれまで、母の作った服や兄のお古を着ていたが、小学校を卒業する時、初めて新しいジャンパーを買ってもらった。うれしかった思い出のひとつである。

兄と妹と(中学1年)

母方の祖父母(孫とともに、後列が筆者)

友に刺激され、勉学に目覚める

小学校を卒業すると、私は地元の中学ではなく、市内にある大阪市立天王寺中学校へ通うことになった。小学校での伸び伸び遊ぶ時期が終わり、「財産は残せないが、教育だけは身につけさせる」という母の信念を、実行に移す段階に進んでいくことになった。

このころには越境入学が問題になり始めていたが、学校近くの家の1室を借りる形で天王寺中学校へ通う日々が始まった。ベビーブーム世代が通う都会の有名中学だったので、当然のように1学年約一千名のマンモス校であった。そのためか学年ごとのクラス替えがなく、担任も変わらなかったのでクラスメートとは今でも親しく交流が続いている。

入学してすぐ、母方の祖父母が説いていたように、自分が井の中の蛙であったと、思い知らされることになる。　都会の子どもたちは、私の知らないことをたくさん知っており、その知識量の多さに圧倒されてしまったのだ。

こういう友達に刺激されて、私は中学最初の5月の連休から懸命に勉強するようになった。

ちょうど小学6年生の終わりごろから、2畳ほどの勉強部屋が与えられ、その部屋での勉強が楽しかったので、私は中学の学習に思い切り打ち込むことができた。

その部屋では母が内職をしていた。越境入学をすればそれだけ出費が増えるので、小さな機械を借り受けて、イヤリング加工などの仕事をしていた。母が家事などをしていて機械が止まっていると、私は気分転換するためにも、その仕事を手伝った。

この時、私が身をもって体験したのは、学問にはお金がかかるという現実であり、感じ取っていたのは、教育にはお金を惜しまないという母の強い思いだった。

母の思いはしっかりと私の心に根づいていき、大学の運営に携わるようになった現在、どのようにすれば教育・研究予算を増額できるか、学生に経済的支援ができるかについて、真剣に取り組むようになった。

その思いから、公立大学協会会長の時代に低所得の保護者の学生に対して支援が大学間に差がなく行き渡るよう修学支援制度の設立に努め、２０２０（令和２）年４月から施行されたことは大きな喜びである。

統計によると公立大学へ通う学生の保護者の収入は国立大学や私立大学へ通う学生よりも低いという現実が示されており、新制度がどのような展開になるのか、見守っていきたい。

学内合唱コンクールで指揮する筆者

演劇「ハーメルンの笛吹き男」で肉屋の役を演じる
（右から４人目が筆者）

自由と創造

田舎の小学校から出てきた私は、ひたむきに努力した。その結果、中学の3年間、一番を通した私は、全国的にトップレベルの高校を受験するよう校長先生から勧められた。だが、母は私が受験する高校を決めていた。大阪府立高津《こうず》高校だった。

その時にはすでに退職していたが、実は母方の祖父が校長をしていたのがこの高津高校だったのだ。のみならず、父や叔父、兄も通っていたので、私は何の疑問も抱くことなく、高津高校の受験を決めていた。その後、妹も進学し、その夫で公認会計士の石田重雄さんも高津高校卒で、家族が集まると話に花が咲くこともある。

事情を理解した校長先生は、私に言った。「ならば、一番で入ってほしい」

私は大変なプレッシャーの中、美術の試験で大きなミスをしてしまった。

高津高校は、1918（大正7）年に大阪府立第11中学として発足した伝統ある高校で、創立以来、「自由と創造」を校風とし、2018（平成30）年に100周年を迎えた。

事実、本当に自由な学校で、制服がなく、受験勉強も補習もなかった。自主的な勉強を続けて大学へ行くというのが高津スタイルなのだ。

他人に束縛されてはならないし、他人を束縛してもいけない。他人と同じように考えたり、同じように行動するのではなく、常に自身の発想を大切にして、新たなことにトライし、実行していくことが求められたのだ。

例えば、修学旅行は気の合うグループに分かれて行き先や行程を計画した。

授業の中には、学生が講義をし、議論することがあった。今で言うアクティブラーニングだが、正直言って受験に役立つのか焦る気持ちはあった。

　こうした高校生活を送った私は、自主的に考え、自主的に行動する生活スタイルを身につけていき、今でも研究、診療、大学の運営などにおいて、これが行動の基本となっているように思う。

　学年は11クラスあり、3年生になると理系と文系に振り分けられたが、理系は男子、文系は女子が多くなり、偏りが生じるとして、理系、文系をミックスしたモデルクラスが2クラスつくられ、そのひとつが私のクラスだった。まさに創造的なクラス編成だが、学習効果が上がったかはいざ知らず、楽しい3年間であった。

　学園祭や体育祭では、仮装行列や応援合戦などに伝統的に熱心で、オリジナルなものを作り出すことを競い合っていたが、私は「創造的な活動」の取りまとめ役として奔走した。

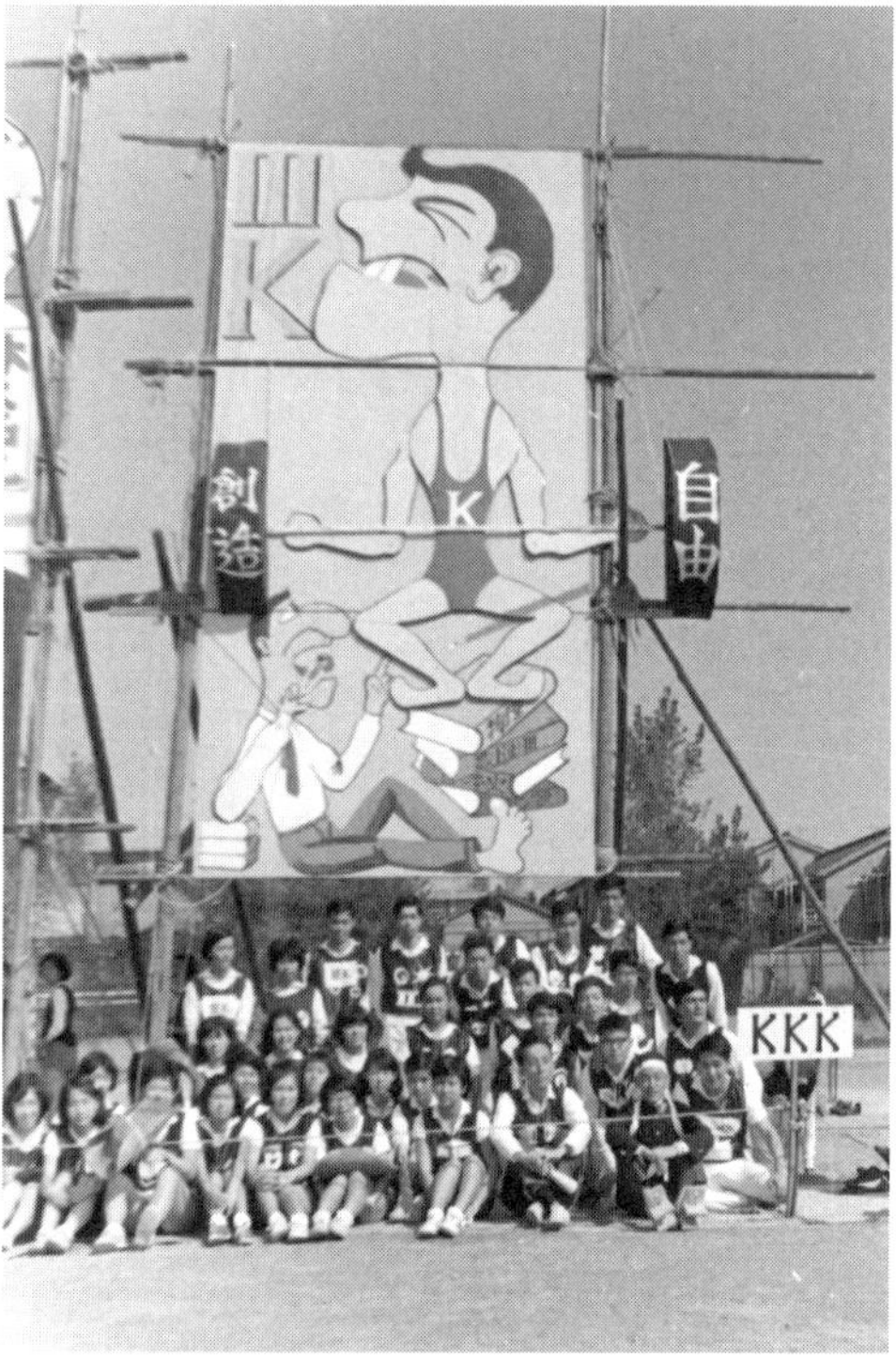

創造性を競い合った高津高校の体育祭(高校３年)

兄に代わって医師を志す

私は数学や物理への興味が強かった。中学生の時には、交通渋滞が社会問題になり始めていたので、それを減らすにはどうすればいいのかを真剣に考え、立体交差や今で言う自動運転の原理を勉強の合間に構想していた。

国道は時速80キロ、街中の車線は40キロというように走行速度を決め、すべての自動車が同じスピードで走ることによって、渋滞の起こらないシステムを考えたりしたのだ。

1965（昭和40）年、私が高校2年生の時には、朝永振一郎氏がノーベル物理学賞を受賞し、物理へのあこがれは一層高まった。

しかし、その思いはその年の12月までで、私は進路の変更を迫られた。原因は兄が進路を変えざるを得なかったことだった。

兄はもともとは医学部を志望していた。しかし、体が弱く、よく喘息《ぜんそく》の発作を起こした。プレッシャーによるものなのか、試験や体育祭、文化祭などの季節になると症状がひどくなった。

勤務医であった叔父郡弘《こおりひろし》がしばしば、夜中に往診に来てくれた。

確かに、体育祭や文化祭、大学受験は、喘息が起こりやすい季節の変わり目に行われる。兄は、このような体では医師は務まらないと、親から諭された。

医師として世の中の役に立ちたいと考えていた兄は、私に言った。

「俺は喘息で苦しい時に、叔父が飛んで来てくれたらほっとして楽になるのや。1代でひとりは医師になったほうがいい。俺の代わりにお前がなれ」

これが大きな転機となり、私は医師の道を歩むことを決めた。

母は「医師になるなら、将来仲間の多い地元の大阪がいいと聞くよ。弘の叔父もいることだし」と強く主張し、私は大阪大学を受験した。

医学部における教育は基礎と臨床に大別される。私は、基礎医学は昭和初期に建設された古びた中にも荘厳な建物で学び、臨床医学は新築された東洋一横に長い病院で実習をした。

しかし、物事の基本原理を解明していく理学への私のこだわりは、その後も失われることはなく、２０１８（平成30）年４月、名古屋市立大学の「総合生命理学部」の開設につながっていった。

名市大は医学部、薬学部、看護学部の医療系３学部を有する公立大学では唯一の大学だが、これに生命科学を中心とする基礎自然科学を学修する学部を加え、経済学部、人文社会学部、芸術工学部と共に既存の学問領域の枠を越えて、柔軟な思考ができる人材の育成を目指している。

基礎医学を学んだ大阪大学医学部
堂島川をはさんで附属病院(下の写真)がある

臨床医学を学んだ当時東洋一横長い
大阪大学医学部附属病院

命の恩人、勝部先生

私が大阪大学に入学したころは、全国で大学紛争が起こり、阪大も私が1年生の1月から2年生の11月まで大学構内は封鎖された。

封鎖中の2年生の夏、友だち5、6人と島根県出雲市近郊の立久恵峡《たちくえきょう》を旅行した。その時、私はスズメバチに6カ所も刺されてしまった。

数分後にはじんましんが全身に広がり、「食あたりだろうか？」と思って歩いていると、目の前が真っ暗になり、失神してしまった。死の一歩手前まで行ったのだ。

幸いにも近くを通りかかった旅館の人に助けられ、気がついた時には旅館の縁側に寝かされていた。旅館には、出雲市出身で休日中の医師、勝部《かつべ》早苗《さなえ》先生が碁を打ちに来ておられ、私はその勝部先生に命を助けられた。

勝部先生は、私と出会う少し前に苦い経験をしておられた。ハチに刺された若者がいて、血圧が低下していたが、山奥なので薬がなく、救命できなかったのだ。

血圧低下の原因は二つあり、ひとつは心臓機能の低下、もうひとつは末梢の血管の拡張である。大半の原因は心臓機能の低下なので、心臓を強化する薬を投与することになる。

ところがハチに刺された時は、血管が開くことによって血圧が低下するので、心臓機能を強化するのではなく、血管を収縮させなければならない。

この時、勝部先生は私の手足に旅館の池の冷たい水をかけ続けるよう友だちに指示した。薬のない山の中での苦い経験を生かし、機転の利いたこの治療によって、私は命を助けられたのだ。

大学紛争に関しては、私はいわゆるノンポリだったが、集会には参加していた。不思議なことに、大学封鎖が半年も続くと無性に勉強したくなり、私は授業再開の運動に加わった。

阪大はいわゆるタコ足大学でキャンパスが離れていたため、運動部は卓球部くらいしかなく、私はなぜか尺八部へ入部した。

卒業後も続けて都山流の準師範の免許を取得し、「一之雨」という名前をもらった。いろんな演奏会にも参加していたが、今は吹く時間がない。

自宅にはしばしば友だちがやって来て、麻雀などの遊び場になり、世話好きな母の気配りで、私がいなくても下宿のように人が集まった。その後輩のひとりの河井秀夫《かわいひでお》さんと私のいとこの郡まり子が結ばれたが、仲を取り持ったのは世話好きな母だった。

人の縁は不思議なもので、その河井さんの息子孝夫《たかお》君は東大卒業後、名古屋市内の病院で現在研修している。

命の恩人勝部早苗先生のお宅の庭園で

仕事が育んだ素養

ところで、私はシャイな人間で、人前で話すのが苦手である。性格は明るく、前向きでユーモアがあり、時にはひょうきんだと自分では思っているが、恥ずかしがり屋で、人見知りするようなところがあり、小さいころはよく母の後ろに隠れていた。子どもの頃の写真はうつむいたり横を見ているのが多い。

私は、今では立場上、壇上であいさつすることが多い。その場の雰囲気に合わせて話すように心掛けていることから、「口下手なんて信じられない」と言われるが、やはり話すのは苦手である。立食パーティーの会場などでは、私から他の人に積極的に話し掛けるようなことは少なく、誘われなければ、後ろの方あるいは壁際で、ひとり静かにしていることが多い。

もし、私が当初の志望通り理学部へ進んでいたら、父のように寡黙で、研究だけに没頭する人間になっていただろう。

そんな私を知り尽くしている母は、何かの折にぽつりと言ったことがあった。

「理学部へ行っていたら、良い研究者になったかもしれないけど、医者になったから、少しは話せるようになって良かったよ。しかも泌尿器科やから」

それはその通りだと、私も思っている。

医師が治療するにあたっては、すぐれた技術だけでなく、病気になった背景や患者さんの置かれている状況を詳しく知る必要がある。

時には、他人に話せないような悩みや人生観、家族の経済状態、家族間のトラブルなど、いろいろなことを聞くことがある。深みのある治療をするには、患者さんやその家族と悩みや状況認識を共有することが重要になるからだ。

とりわけ泌尿器科が扱う病気は他人に言いづらい部位の病気であり、尿失禁や頻尿などの悩みを聞き出すには信頼される人間関係と、スムーズに話せるような診療室の雰囲気づくりが大切になる。性の悩みは、看護師にすら聞かれたくない、医師とふたりだけになった時にそっと話し始める人も多い。

末期がんなどの不治の病の時は説明する言葉を失うが、そんな時だからこそ、患者に寄り添った慰め癒やす言葉が必要だ。

このような日々を私は40年余り過ごしてきたので、いつのまにか自然と人と接することに慣れ、人を見る目が養われてきた。人の心を読み取ったり、気配りをしたり、疲れていても笑顔で話すこともできるようになった。生来なかった素養が仕事によって育まれたのだと思う。

尺八部の仲間と合宿で(左端が筆者)

都山流尺八の演奏会において

第二章　泌尿器科で研究を重ねる

医師としての第一歩

１９７３（昭和48）年3月、大阪大学医学部を卒業した私は1年間、麻酔科の研修を受けることにした。

麻酔科は体の全身状態を把握し、管理することが仕事である。このため、将来どの診療科の医師になっても、全身の管理をする麻酔科が重要だと考えたのだ。

私だけでなく、そのころは麻酔科の人気が高かった。背景には、当時、麻酔科が全国の大学病院で創設されたことに加えて、医師の育成に関する考え方の変化があったからだ。

それ以前の医師は、大学を卒業するとインターンの後、直ちに専門の医局に入局していた。若い医師の多くは無給の仕事を強いられるなど、十分な処遇が与えられず、アルバイトをせざるを得ないため、研修に専念できないなどの問題を抱えていた。こうした不満の蓄積が1960年代後半の大学紛争の契機にもなった。

このような状況の中から、「病気を診るが、人を診ない医師が増える」などの指摘がなされるようになり、専門医になる前に、特定の診療科に偏ることなく全身を診ることのできるジェネラルな医師を育て上げるべきだ、と言われるようになってきた。

この考え方はその後進化していき、2年間の臨床研修を必修とする新医師臨床研修制度が2004（平成16）年に制定された。さらに、心身の状態だけでなく社会生活を含めた患者全体を把握し、必要に応じて専門医に橋渡しする総合診療医や総合内科医が生まれていった。

こうした背景から、麻酔科で研修する希望者が多かったので、私は週に3日しか病院に出勤することができず、残りの時間をどう使えばいいのか苦慮し、囲碁を打ったりアルバイトをして過ごしていた。

そんな折、「お金のために医師になったのではないだろう」と、日ごろ寡黙な父に言われ、はっとして自分を省みた。

そのようなことから研修を自主的に1カ月早く切り上げて、東大阪市立中央病院に赴任した。この病院を選んだ理由のひとつは、自宅に近いことだった。もうひとつは、大きな傘の下ではなく、小さなところから伸び伸びと自主的に仕事をし、実力を蓄えてはい上がっていきたいという私の性分によるものであった。大きな病院であれば若い医師はなかなか執刀させてもらえないが、中規模の病院であれば、指導医のもとに若い時から自主的にできる範疇《はんちゅう》が広いのではないかと考えたからだ。

父(中央)、兄夫婦(右端)らとともに(左端が筆者)

泌尿器科を選択

赴任したのは、東大阪市立中央病院の泌尿器科だった。当時は泌尿器科の医療に新しい大きな流れが押し寄せてきていたからだ。

新しいことに挑戦したいという意欲的な研修医の中には、私と同じように泌尿器科を選択する人たちが何人もいた。現在、大学の学長に、私と同年代の泌尿器科医が7人もいる。

明治以降、日本の医療技術はドイツから入ってきた。ドイツの泌尿器科は皮膚科から始まり、日本の泌尿器科もその流れにあった。そこへ、戦後、外科の流れを汲む米国の泌尿器科技術が入ってくるようになったのだ。

自宅近くの病院に勤務したことを、友だちや近所の人は喜んでくれて、来院すると、「ケンちゃん」と気軽に声を掛けてくれた。あたかも同窓会の雰囲気だった。

だが、私が泌尿器科を選択したことについては、母は当初快く思っていなかった。母だけでなくそのころはまだ、泌尿器科について性感染症など汚いイメージを持つ人が多かったからだと思う。

私が泌尿器科医になると伝えると、母は言った。

「どうして？　大学の成績が悪かったの？　外科とか心臓外科とかのお医者さんになったらいいのに」

どう話せば理解してもらえるのか、私はうまく説明することができなかったが、ここでも大きな既存の診療科の歯車になるよりも、小さくても自分らしく働き、いずれは必ず優れた医師になるとの思いが強かった。

勤め始めて間もないころ、製薬会社に勤めていた父は「製薬メーカーの人には丁寧に接しろよ。お金にもクリーンにな」とだけ言った。この言葉は、これまでの48年間、私の心に深く刻まれている。

東大阪市立中央病院は、思っていた以上に自由な環境を提供してくれた。大きな病院であれば、若い医師には手術を執刀する機会がなかなか巡ってこないが、東大阪市立中央病院ではその機会に恵まれ、多くの経験を積むことができた。医師としての道を歩み始めたばかりの私にとって幸せなことだった。この臨床経験が、今の私の礎になっている。

このように自主的に診療をさせていただけたのは、先輩医師である河西稔先《かさいみのる》生や永原篤先生《ながはらあつし》、さらには患者さんのおかげと深く感謝している。

しかし、私はこのまま勤務し続けることができなかった。臨床経験を積んでいくうちに、学術活動や研究が無性にしたくなってきたからだ。

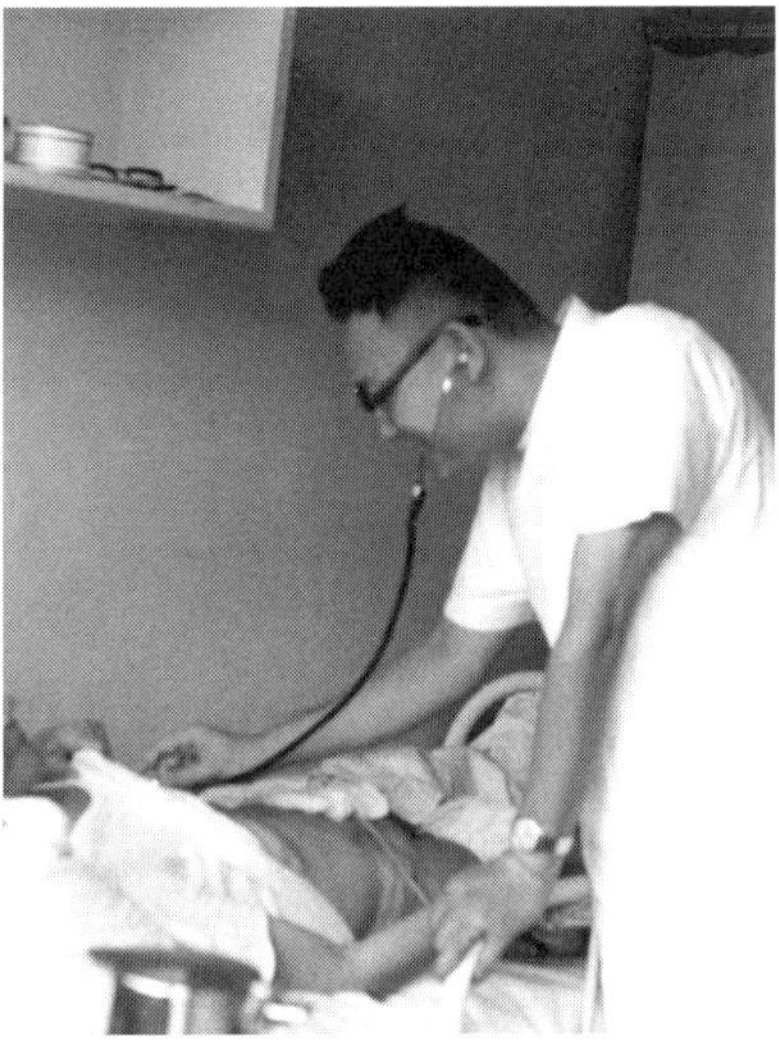

東大阪市立中央病院でご指導いただいた永原篤先生(当時)

現在も医療現場に立つ筆者

栗田孝先生を慕って近畿大へ

診療に明け暮れる日々が続くと、アカデミア環境で働くことを切望するようになってきた。だからといって、母校の大阪大学の門を叩くことには何となく抵抗があった。

小さいところからはい上がっていくのが好きという反骨精神もあったが、それだけではなく、阪大という大きな大学の雰囲気を感じ取っていたからだ。阪大には、優秀な医師や研究者がたくさん集ってきている。だから研究したくても施設の使用はおのずと制限される。のみならず先輩を手伝うことから研究を始めなければならないなど、自由度も少なかった。

加えて、優秀な人材が集まれば集まるほど、人間関係には神経を使わなければならない。とげとげしさが生まれてくるというのは、世の常でもある。私は過剰な競争があまり好きではない。

そんな折、近畿大学教授の栗田《くりた》孝《たかし》先生に出合った。栗田先生は、阪大から37歳の若さで近大の教授に就任された新進気鋭の医師で、手術がうまいことでも知られていた。

東大阪市立中央病院に手術の指導に来られた時、その自由奔放な指導に触れ、私は刺激的な高揚を感じていた。

こうしたことから、私は近大へ行くことを決め、１９７７（昭和52）年、医学部泌尿器科の助手となった。

近大は49（昭和24）年、大阪専門学校と大阪理工科大学を母体として、新学制により設立された。その後、総合大学を目指して次々に新しい学部を立ち上げていき、74（昭和49）年に医学部を新設し、翌年には附属病院を開院した。

すなわち、医学部が開設されてまだ３年目の大学へ通うことになったのだ。

当時の大学の周辺は民家はまばらで、店舗も少なく、道路はまだ十分に舗装されていないなど、のどかな風景の中にあった。看護師は島根県や宮崎県など医科大学の新設が予定されている県から研修に来ている人が大半で、医師は全国の大学から集まり、若い自由闊達《かったつ》な雰囲気があった。

医学部が開設されて間もないので、先端の研究機器や施設、そして研究技師はそろっていたが、研究をする人は少なく、私はそれらの機器や施設をいつでも自由に使うことができた。それが自分なりに満足できる研究成果を収めることができた主な理由で、現在学長として、若い研究者にその恩返しをしたいとの気持ちで研究を後押ししている。

スペインへの学会出張
(左から３人目が栗田先生、５人目が筆者)

内視鏡治療を開発

栗田先生との出会いによって、私は充実した大学生活を送ることができた。その大らかな指導法は、束縛されることを嫌う私の性分にぴったりだったからだ。

研究についても、「これをやりなさい」と言われたことはなく、テーマを自由に決めて、自由に研究することができた。規模の大きな大学では、考えられないことだった。

新しい手術法の開発にも挑戦することができ、その成果のひとつが「膀胱《ぼうこう》尿管逆流症」を内視鏡で治療する手術法の開発だった。

これは膀胱から腎臓に尿が逆流し、腎盂《じんう》腎炎を引きおこす子どもに多い病気である。開腹手術を行うことになるのだが、子どもが術後1週間ほど痛がるのを見ているのが辛くて、何とかならないだろうかと思案した、そこで、私は内視鏡（膀胱鏡）を用いて、開腹することなく手術ができるのではないかと考え、試みることにした。

内視鏡手術が普及している現在では、用途に応じた多様な器具や装置が開発されているが、当時は手探りの状態であり、動物実験を重ねながら、体への負担を軽減し、入院期間の短縮につながる手術法を開発することができた。オリジナルの手術を開発できた時は大変うれしかった。

内視鏡と言えば胃カメラを思い浮かべるが、その起源は古代ギリシャ・ローマ時代にさかのぼるが、直接、尿道や直腸、咽頭の管腔臓器を内視鏡で観察できるようになったのは今から200年ほど前の欧州諸国である。

その後、内視鏡技術は大きく発展していき、泌尿器や消化器の検査や治療において、主体的役割を果たしている。さらに、皮膚に小さな穴を開けて専用の内視鏡と手術用具を差し入れて行う腹腔鏡手術に応用されるようになり、現在ではロボット手術へと発展を遂げてきた。

私が幸いにして内視鏡手術を開発できた背景にはいくつかの重要なポイントがあったと思う。そのひとつは、開腹手術という既存の考え方にとらわれることなく、検査に用いる器具を活用して新しい治療法を開発したことだ。固定観念にとらわれないことは新規性のある研究をするうえでの重要な視点である。

もうひとつは、最新の医療技術や先端研究は突然開発されるのではなく、先人の業績の積み重ねの上に成り立っているということだ。時代や領域を越えて受け継ぐことが未来を切り開いていくのだ。

さらに言えば、子どもの苦痛を取り除きたいとの思いが内視鏡手術の開発につながったが、医療の進歩は患者さんから学び、その成果を患者さんに還元することだと思う。

近畿大学の運動会で(左が筆者)

右から近大時代にお世話になった先生方。
八竹先生(近大助教授、後に旭川医大学長)、栗田先生、
筆者、園田先生(大阪大学泌尿器科元教授)、
奥山先生(大阪大学泌尿器科前教授)

固定観念による大学間格差

近畿大学では自由に研究できたが、私たちの仕事が国内学会で取り上げられることは少なかった。新設の大学は、実力ではなくお金を使って医師になったとの先入観を持たれがちで、正当な評価がなされなかったことがある。

そのことへの反発心が大きな力を生み出した。私は名前の通った大学以上の仕事をしなければならないというハングリー精神に燃え、連日夜遅くまで研究に打ち込んだ。

これが実を結び、後述するが、私は世界で認められる先駆的な研究成果を生み出すことができ、各方面から賞をいただいた。

忘れてはならないのは、これが私自身の努力だけではなく、多くの共同研究者によってもたらされたということだ。深く感謝している。優れた研究成果を残すには、良き共同研究者に恵まれることが必須の条件である。

ただ、公平な評価がなされにくい状態は今でも変わってはおらず、文部科学省や企業は大学の名前で研究者や卒業生を評価するきらいがある。

戦後、世の中は大きく変わってきた。産業構造も生活スタイルも流行も変化を続けてきたが、その中で変わっていないもののひとつが大学ランキングだ。

大学はもっとも自由度が求められなければならないが、ランキングによってすべてを評価するやり方は少しも変わってはいない。そこに大学間格差がより大きくなっているのだと思う。

文部科学省が競争的研究費として研究者に配布している「科学研究費」には300余りの分野がある。その分野別にみた獲得額が上位を占めている大学は東大や京大などのトップ大学が大半だが、一部には地方大学や私立大学、中小規模の大学にもキラリと輝く独創的な研究は意外に多く見られる。

諸外国では日本ほど大学間格差は見られない。昨今わが国の研究力が低下し、若者の学問的意欲が減退しているが、大学間格差が大きくなり、大学ランキングという固定観念を打破できないことが学問の発展を妨げている一因ではないだろうか。

わが国には約１０００の大学や公的研究機関があるが、政府や企業が支援する研究費の大半はトップ10の大学に集中している。科学立国を目指すわが国にとって大切なことは、漸減している科学振興費を先進国並みに増額することと、キラリと輝く研究を見出して支援することだと思う。(図参照)

フランスの経済学者トマ・ピケティ氏が唱えた格差社会が経済だけでなく、大学間でも広がり、学問の自由と発展が失われてはならないと思う。

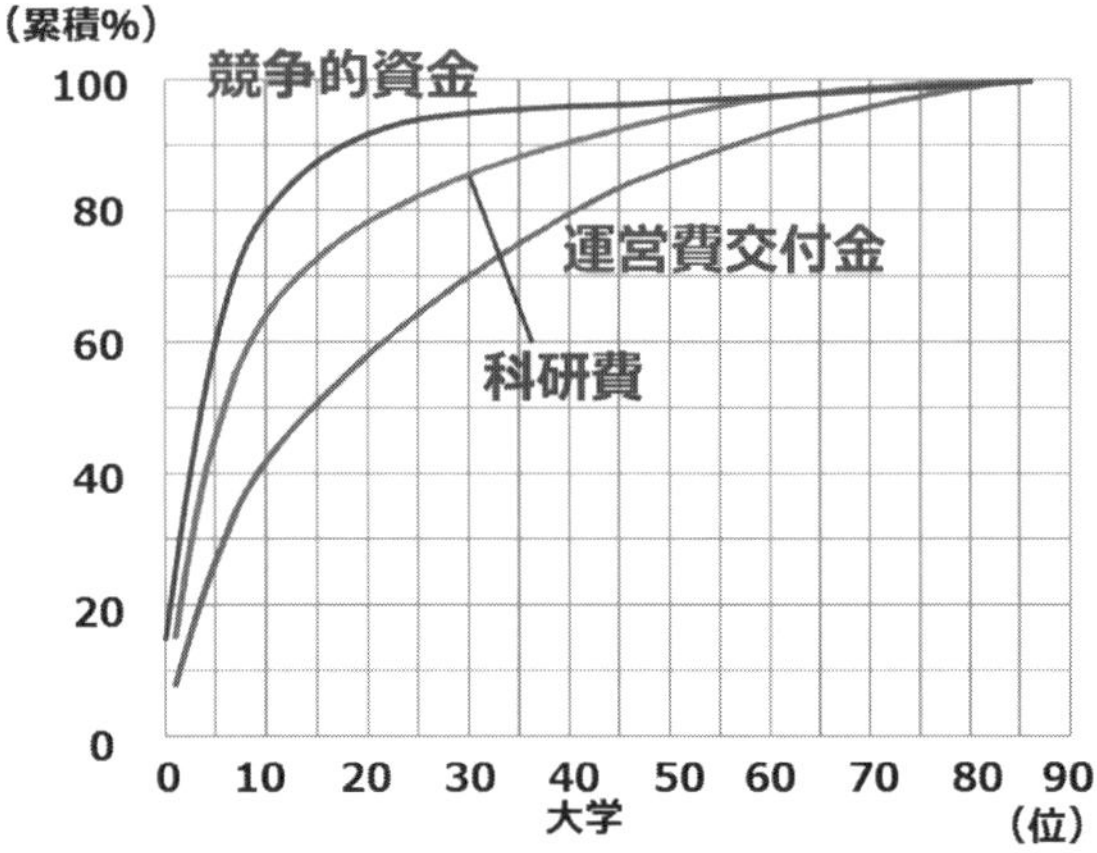

競争的資金の80%はわずか10校が占めている

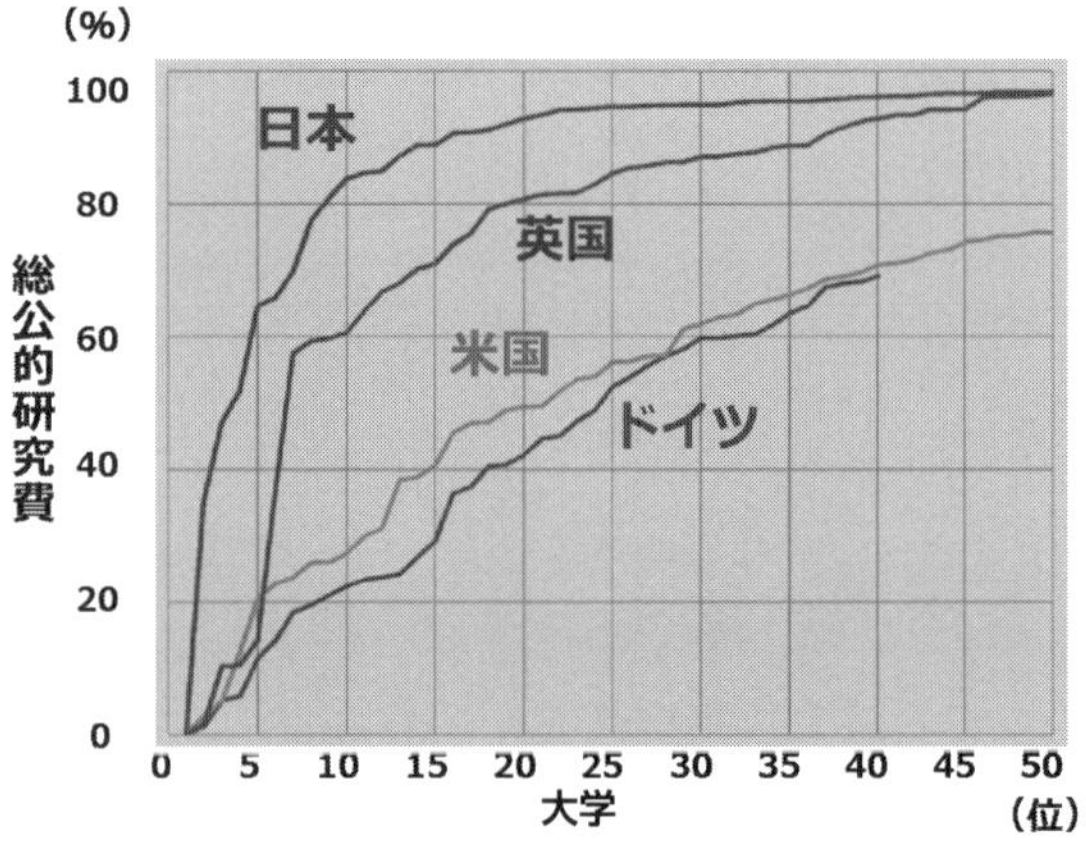

（出典：日本学術振興会 改変）

わが国の公的研究費の獲得額は諸外国に比べ
トップ大学に偏っている

近畿大の世耕総長の考え方に感銘

近大では、自由な環境や良き仲間に恵まれ、研究では専門が違っていても互いに協力し合った。

現在、大阪府貝塚市立病院の名誉院長を務める井口正典先生は、同じ学年で研究領域が同じだったので、とりわけ仲が良く、切磋琢磨《せっさたくま》し合った。今でも家族ぐるみの付き合いを続けている。

私は多くの若い人の指導を行い、研究計画の立案から実験の手ほどき、そして論文の作成まで手伝った。名古屋市立大学へ赴任してからのことだが、近大で博士号を取得した後輩医師がお礼を言うためにわざわざ教室に来たことがあった。突然のことで驚くと同時に大変うれしかった。

ご指導いただいた栗田先生は、ご夫妻とも気さくで、教室員がよくご自宅に集った。先生は7年前に逝去されたが、その後、教室員が奥さまを囲む会を設けている。

栗田先生はゴルフが好きだったので、私もよく出掛け、10組から成る忘年ゴルフでホールインワンを達成してしまった。この一打で、もらったばかりのボーナスも飛んでいったのだが、当時は腕に多少自信があったので、「プロになろうかな」と冗談を言ったこともあった。その面影は今やない。

近大では世耕政隆《せこうまさたか》総長の考え方に感銘し、現在の大学運営に生かすよう心掛けている。

「私は良い研究者を育てる近大をつくる。良い医師の育成はほかの大学でもできる」

「近大は、孫の時代の繁栄を考えて、ビジョンを掲げ投資している」

世耕総長は大学の最大の使命は学問をすることであるとし、何よりも研究を大切にされていた。日本にまだ1、2台しかなかった高額な泌尿器科の医療機器の購入を、「泌尿器科の実績に応えたい」と即決された時には、私は驚き、刺激を受けた。

50年先を見据えた戦略的な「投資」を行い、将来に備えて田舎の山地を購入し、それが医学部などのキャンパスになっている。

大学だけでなく企業でも同じだろうが、これからの社会の方向を読み解き、長期的な展望を立てて、大きな発展を目指して計画を地道に実行することが重要である。

私が在職していた当時、近大はタイやカンパチを養殖し、年末には教職員に安く分けていた。このころから世耕総長は、マグロやクジラの養殖を目指すという夢のような話をされていたが、今ではこれが実現し、近大の大きなセールスポイントになっている。

忘年ゴルフでホールインワンを達成

オリジナル論文が数々の賞に

私が近大時代に行ったオリジナルの研究をひとつ紹介したい。テーマは「尿路結石の発生機序の解明」。「発生機序」とは「でき方」という意味である。尿路結石は「西日本に多く、東日本には少ない。原因は西日本は暑いので、尿が濃くなるからだ」というのがそれまでの定説になっていた。

このことに私は疑問を抱いた。九州は西日本の中で最も暑いのに、尿路結石の発生が少なかったからだ。

私は「わが国の食生活は全国的にほとんど同じなので、飲料水の成分の違いが原因ではないだろうか」と考えた。研究結果はまさに予想通りとなった。

私が調べたのは、飲料水に含まれているカルシウムとマグネシウムの比率だった。尿路結石の主たる成分はシュウ酸カルシウムであるが、尿の中にカルシウムが多ければ尿路結石ができやすく、逆にカルシウムに似た性質を持つマグネシウムが多ければできにくいことを見い出した。

西日本では花こう岩や石灰岩が多く、これらの岩石はカルシウムの比率が高い。その影響で水質もカルシウムの比率が高くなり、尿路結石ができやすく、一方、東日本では玄武岩や堆積岩が多く、これらの岩石も水質もマグネシウムの比率が高いので、尿路結石はできにくいと考えた。

この仮説を証明するためには、全国各地の飲料水を集め、その源泉の地質と共にカルシウムとマグネシウムの比率を調べたところ、仮説通りの結果を得ることができた。

その結果を踏まえ、マグネシウムを含んだ野菜や海藻を多く取れば、尿路結石を防げることが分かり、硬水の飲料水が多いヨーロッパでは特に予防に用いられている。

研究論文を発表してしばらくすると、阪大の小児外科教授の岡田正《おかだただし》先生から突然の電話があった。マグネシウムの優れた研究に贈られる「天塩賞」を受賞したとの知らせだった。岡田先生は外科栄養学の大家で、マグネシウムの専門家でもあった。

ほかにも、近大時代に「日本泌尿器科学会坂口賞」と「稲田賞」を、各々、カルシウム代謝と副甲状腺ホルモンの研究で受賞したが、これらは京大泌尿器科教授で、がん研究と診察を専門とする吉田修《よしだおさむ》先生に、私の知らないところで推挙していただいていたのだ。

お二人の先生からのご推挙に驚き、コツコツと独創的な研究をすれば大学のネームバリューに係わらず評価されるのだと勇気づけられる思いがした。

オーストラリアで開催された尿路結石の学会で
（左端が筆者、3人目が妻の洋子）

泌尿器科紀要「稲田賞」を留学中に受賞した

英国留学

このころの話になるが、私は32歳の時、青野（旧姓）洋子と結婚した。いやいや見合いの待ち合わせ場所へ行ったが、一目見て気に入ってしまい、私の方から積極的にアプローチした。

妻は大阪・船場の商家の出であり、生活環境や価値観の違いに戸惑ったことだろう。しかし、理解するよう努めてくれて、デート中に、内視鏡手術の動物実験の餌やりや術後の管理を手伝ってもらったこともあった。

私は1985（昭和60）年3月から1年間、英国へ留学した。留学先は中部イングランドを代表する都市、マンチェスターにある「南マンチェスター大学」の「ウイディントン病院」だった。

私は海外留学するなら、欧州に行きたいと思っていた。多くの人は米国に留学する。科学技術や文化、経済活動など、戦後の日本には多くのものが米国から流入してきたが、私は米国中心の考え方に抵抗があったからだ。

高校や大学への進学、職場選びにおいて、私は大きな組織を敬遠するところがあったが、同様に米国のような大国は私の肌には合いそうになかったのだ。

大学でフランス語を学んでいた妻も、米国ではなく欧州への留学を希望していた。

私が応募したのは、日本学術振興会とブリティッシュ・カウンシル（英国文化振興会）による交換留学制度だった。

試験は英国大使館で行われた。もちろん厳しい試験のすべては英語でなされた。ところが私は英語が得意ではなかった。そこでイギリス人の協力を得て、たくさんの想定問答を準備してもらい、何度も練習を重ねた。

試験当日はかなり緊張していたが、出された質問は想定問答にあったものばかりだったので、不思議なくらいすらすら答えることができ、私は合格することができた。

次に待ち構えていた課題は、留学に必要な費用が４００万～５００万円と高額だったことだが、ありがたいことに近大と政府の支援を受けることができ、この難関も何とか乗り越えることができた。私の記憶では、日本を出国した時は1ポンドは３００円ほどだったが、帰国した時には２６０円になっていたように思う。プラザ合意によって急速に為替が変動し、差損が発生したことには少なからずがっかりしたことを覚えている。日本からの土産としては、電卓などを持参していった。日本国内では安価なものだったが、英国では当時高価で、とても喜んでもらえたのが印象的だった。

大学の研究室の仲間とともに
(左端が筆者、右端が妻の洋子と飼っていた猫)

留学中の大学宿舎前で近所の子どもたちと

英国紳士のブラックロック教授

留学先では、外科医のブラックロック教授のお世話になった。多くの分野の医療に通じているオールマイティーの医師だった。

驚いたことに、エリザベス女王の主治医とのことであった。女王はカナダやオーストラリアなどのイギリス連邦を2、3週間訪問されることがしばしばあるが、それに必ず同行されるので、不在なことが多かった。

このような先生とのお付き合いが始まることを光栄に感じていた。

ブラックロック教授に初めてお会いして、私は伝統あるクイーンズ・イングリッシュを耳にした。

「Please take a seat, comfortably」（どうぞお座りください）とおっしゃったのだが、その余りにも気品のある言い方に戸惑ったことを、今でも鮮明に覚えている。

さらに教授は、「あなたの英語力は素晴らしいですね」ともおっしゃった。英国大使館での試験は、準備万端で臨んだので成績は良かったし、提出書類はイギリス人の点検を受けていたので、このように言われたのだ。

しかし、私の英語の実力はたちどころにばれることになった。

教授は品格があり、気配りのある医師であった。〝コの字形〟に2階建ての建物が並んでいるテラスハウスのような病院キャンパス内にある宿舎にお招きした時には、スリッパを持参してこられた。

私が先生の気遣いに恐縮していると、「日本の人は畳の上で暮らしているのでしょ?」とおっしゃった。優れた文化人であり、知識人でもあったのだ。

それにしても、私はともかく英語で苦労した。クイーンズ・イングリッシュならまだいいが、マンチェスターの英語には独特のなまりがあるので、容易に聞き取ることができないのだ。

例えば、空港で「バス停はどこですか?」と尋ねたら、「ボスを探しているのか?」と言われた。私は「ボスはブラックロック教授だ」と答えた。とんだ笑い話だった。

言葉の問題には、1年間の留学期間中、悩まされ続けた。

この留学で知り合うことのできた研究者や医師とは、今でも交流が続いている。

留学中に驚いたことがある。イギリスの大学教員や医師は出身大学の教員に原則なれないことである、その理由は人事の流動化を図ることで、大学の自由度を高めるためだと聞いた。閉塞的なわが国の大学が学ぶべき点だと思う。

お世話になったブラックロック教授

独創的な研究が生まれる土壌

臨床での留学先は「南マンチェスター大学」だったが、研究は「マンチェスター工科大学」で結晶形成のメカニズムの解明に携わった。

指導してくれたのは、結晶学の世界的な権威であるガーサイド教授だった。40代の若さで工学部長を務めていることに私は少なからず驚いたが、英国では若い時に管理職を務めることはめずらしくないことだった。

教授ご夫妻は賢明で優しく、大らかな方で、私は帰国後も数回訪問し、逆に日本にも来ていただいた。

私は工学系の実験は初めてだったので全てが興味深く、夜遅くまで研究していた。すると、研究室の仲間から「Ｋｅｎｊｉｒｏ，Ｆｒｉｄａｙ ｎｉｇｈｔ」(健二郎、金曜の夜だよ。早く帰ろう）とよく言われた。

研究仲間は海外からの研究者も多く、仕事ぶりはゆったりしていたが、成果はしっかり出しており、私は日本人との違いを強く感じた。

また、英国の研究者は専門以外の基礎知識を豊富に身につけており、大きな刺激を受けた。

印象的だったのは、私が実験で用いた水銀を床にこぼした時のことだった。私はそれを電気掃除機で吸い取ろうとして、叱られた。水銀が蒸発して気体になり、それを吸い込んだら危険ではないか、というのだ。

そこで、水銀が揮発しない方法を教えてくれたのだが、次の言葉を聞いてさらに驚いた。

「お前の国には水俣病があるではないか」

幅広い基礎知識を身につけているだけでなく、日本の環境問題まで知っていたからだ。受験のための暗記が中心の日本の教育のことを思い、私は恥ずかしい気持ちになった。

そのような教育方法による成果だろうか、英国からは、独創性豊かな研究成果が生まれている。例えば、ノーベル賞受賞者が最も多いのはアメリカだが次いで多いのはイギリスで、日本はもとよりドイツやフランスよりも数多である。

臨床治療は「ウイディントン病院」で体験したが、ここでも制度の違いに戸惑った。例えば、就業時間内に仕事を終えて必ず帰ることや、職種の違いによりしっかりと分業がなされていることなどだ。

それだけ効率的な仕事をしていることになるわけだが、わが国では最近になってようやく「働き方改革」が言われるようになった。

マンチェスター工科大学の研究室で(右端が筆者)

ガーサイド教授ご夫妻とともに

尿路結石の歴史

私が研究している尿路結石の歴史を紹介したい。

文献に残っている尿路結石に関するもっとも古い研究は、医学の父と言われる古代ギリシャのヒポクラテスが行っている。水分の摂取を勧めたり、体にむやみに危害を加える膀胱砕石術を戒めるなど、その教えは現在でも生きている。

近代では18世紀に無機物質を分析する方法が開発され、その手法を応用してリン酸カルシウム、シュウ酸カルシウム、尿酸などの無機物質の成分が発見された。

19世紀初めには、その無機物質のひとつである尿酸がアルカリ性の溶液内で溶けることが解明され、尿酸結石ではアルカリ成分を服用するなどの治療に応用されている。

ところが、尿路結石の約90％を占めるシュウ酸カルシウム結石やリン酸カルシウム結石については、多くの研究者が試みても溶解療法を見つけ出すことができていない。

1950年代になると、ボイスという研究者が、結石の成分の90数％は無機物質（結晶）だが、数％の有機物質（マトリックス）が含まれていることを発見した。（頁94の図参照）

だからといって、これによって結石研究の流れが大きく変わることはなく、研究の中心は含有量が圧倒的に多い無機物質についてであった。

私が英国へ留学し、マンチェスター工科大学で結晶の形成メカニズムの研究に携わったのも、世界的な結晶学の第一人者のもとでの研究を通じて、シュウ酸カルシウム結石やリン酸カルシウム結石がどのように作られているのかを、新たな角度から解明するのが目的だった。

ここでの研究は、それまで工業系の研究を経験したことのなかった私にとって、きわめて新鮮であり興味深いものだった。

まず行ったのは、腎臓内で流れる尿の中でいかに結石ができるのかについて、試験管モデルを作成することだった。このような実験は、医療系の研究機関ではできなかったからだ。

しかし、マンチェスター工科大学での経験を通じて行き着いた結論は、無機物質を研究しているだけでは、尿路結石がどのようにできるのかを解明できない、ということだった。

となれば、結石形成のメカニズムはわずか数%に過ぎない有機物質に隠されているのではないだろうか。私はこのような仮説を打ち立て、有機物質の研究へと大きくかじを切ることにした。

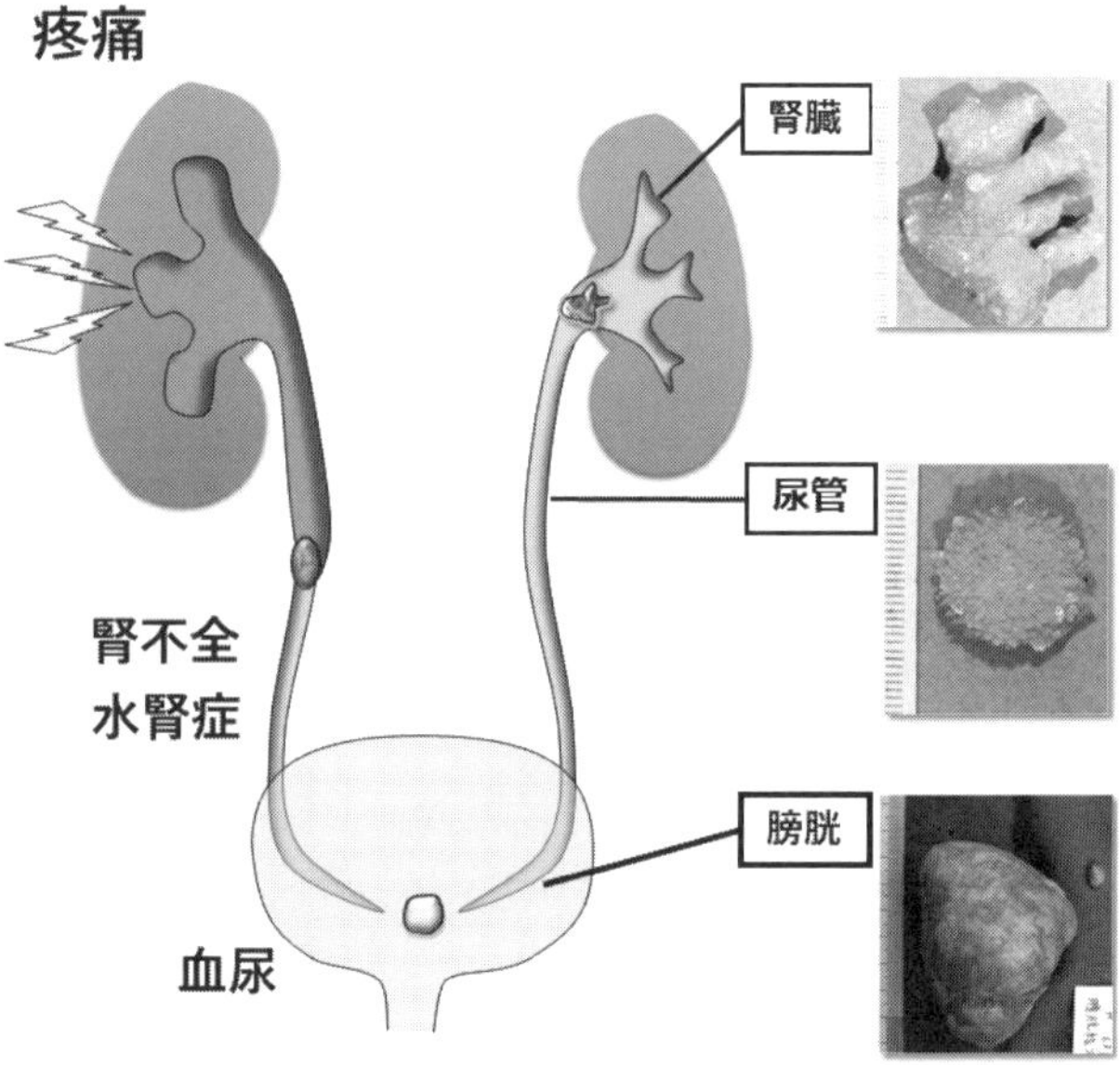

尿路結石はできる臓器によって形や大きさが異なる

打ち立てた仮説

尿路結石はこれまで5種類が見つかっている。シスチン、リン酸カルシウム、シュウ酸カルシウム、尿酸、リン酸マグネシウムアンモニウムという無機成分の違いによるものだ。

私は尿路結石の砕石術をしている時、シスチンやカルシウム結石は割れにくいが、リン酸マグネシウムアンモニウム結石は容易に割れることに気づき、その違いは、それらの結石内に含まれる有機物質（マトリックス）の量の差ではないかと推測し、調べてみた。

結果は予想した通りだった。すなわち、マトリックスの含有比率が高い結石ほど硬かったのだ（図参照）。

このことから尿路結石のでき方を石垣に例えれば、無機物質は石で、マトリックスがセメントのような働きをしており、マトリックスが石をしっかり固めているのではないか、と考えた。

英国に留学している時、私はこの仮説を打ち立て、帰国するとすぐにいろいろな角度からマトリックスの研究に着手した。

まず行ったのは、結石からマトリックス成分を取り出すことだった。ここまではスムーズに進めることができ、次に行ったのは取り出した有機成分の分析だった。

私は尿路結石がどこでできるのかについても、新たな仮説を打ち立てていた。

それまでの定説は、流れている尿の中で、尿の成分が凝縮して結石が作られるというものだった。この考え方に私は疑問を抱いた。流れている尿の中で結石の成分が固まるというのは不自然であり、結石の核は尿が流れる管腔の壁に相当する尿細管の細胞に付着してでき、その後成長するのでは、と考えたのだ。

例えるならば、川の上流から流されてきた物が岸辺に流れ着いてゴミだまりができ、ヘドロになるというイメージである。

そこで私は尿路結石のマトリックス成分は腎臓の組織の成分であろうと考え、腎臓に含まれている膨大な成分の中から、マトリックスの成分の遺伝子と一致するものを見つけ出す作業を始めた。

これにはかなり時間を費やした。マトリックス成分を同定してから後に分かったことだが、マトリックス成分の特殊な性状から腎臓の組織のアミノ酸と比較する従来の方法では難しかったからだ。ほかの多くの研究者もこの難問に直面し、うまくいかなかったのではないだろうか。

しかし、その人たちにないものが私にはあった。心強い共同研究者の存在だった。

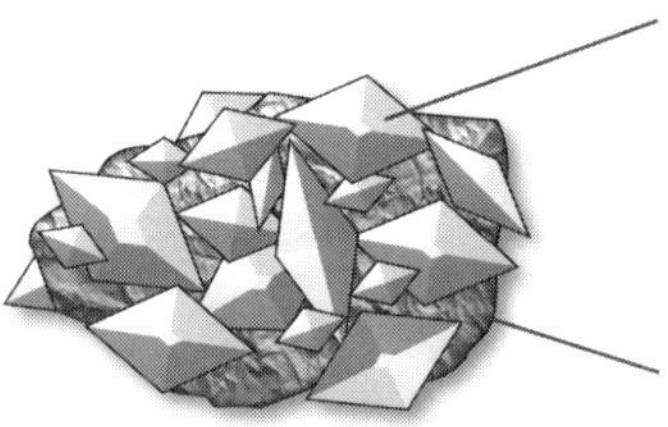

尿路結石は無機成分と有機成分からできる

尿路結石の無機成分	マトリックス含有量(%)〔Boyce, Roberts 1968 1986〕
シスチン	9
リン酸カルシウム	3.2～6.0
シュウ酸カルシウム	2.0～3.2
尿　酸	0.3～0.9
リン酸Mgアンモニウム	0.3～1.1

結石の硬さ

マトリックスの量が多いほど結石は硬い

「オステオポンチン」マトリックスを見つける

私は、研究を支えてくれる良き研究仲間に恵まれていた。泌尿器科のみならず、他の領域の多くの研究者が集まってくる環境にあったので、いろいろな方法を試みることができたのだ。

その中の一人に、近大で生化学を研究しておられた鈴木淳夫先生がいた。後から分かったことだが、私の出身校である高津高校の先輩でもあった。

腎臓に含まれている多くの成分の中から、結石のマトリックスと一致する成分を見つけ出す方法としては、「アミノ酸」を比較する方法のほかに、それぞれの「遺伝子」を比較する方法があった。

遺伝子を活用する方法は今ではほとんど機械で行うことができるが、当時は開発されたばかりで、これをできる人は限られていた。私は鈴木先生の助力を得て、この方法を試みた。

そしてマトリックスの成分と腎臓の成分で、遺伝子の一致する成分をひとつだけ見つけることができた。

1991（平成3）年のことで、その2年前の89（平成元）年に骨の中から発見されたばかりの「オステオポンチン」という物質だった。

1回の実験で見つけることができたので、鈴木先生は「郡先生はついてるわ。こんなの初めてや」と喜んでくれた。

オステオポンチンの「オス」は「骨」を、ポンスは「橋」を意味しており、オステオポンチンは、カルシウムなどの成分を橋のような作用をすることにより結合させて骨を形成したり、免疫を活性化させるなど、生命維持に欠かせない重要な物質であることが後になって分かってきた。

マトリックスの成分がオステオポンチンだという発見は、尿中の無機物質が固まって尿路結石ができるという定説を覆す研究だった。そのため当初は学会で認められなかったが、これを証明する研究を多面的に行っていくうちに、国内外の注目を集めるようになった。

さらに、尿路結石のでき方と動脈硬化による石灰化のでき方には多くの類似性があることを解明した。この成果により、「尿路結石は生活習慣病」であることを提唱し、食生活の改善で予防できることを証明した。

これらの研究成果は、従来の概念を根本的に変える独創的なものとして国内外から高い評価を得ることができた。これが後の日本医師会医学賞や紫綬褒章につながっていった。

近畿大学生化学
篠原兵庫先生

近畿大学生化学
鈴木淳夫先生

近畿大学生化学
吉田浩二先生

近畿大学小児科
故吉岡加寿夫先生

長浜バイオ大学
野村慎太郎先生

免疫生物研究所
清藤努氏

尿路結石のマトリックス成分の発見と分子機構の解明において、大変お世話になった良き共同研究者の方々

第三章　名市大で人を育てる

学生は〝わが子〟

1993（平成5）年9月、私は名古屋市立大学医学部泌尿器科の教授に就任し、名古屋へ赴任した。

その2年前、私は近大に近い富田林市にささやかなわが家を建てた。いわゆるバブル経済の初期のころで、土地が値上がりし始めていたので、10数倍の抽選に応募し、公団から分譲地を購入した。

周辺地域に比べてまだ割安だったが、土地の価格はどんどん値上がり、わずか数年で5倍になるという、そんな時代だった。

家の建設は、大手の下請けをしていた若い建築業者から「すべて自分にやらせてほしい」と言われ、その人に任せることにした。

さまざまな思いを込めて建てた愛着のある家だったので、すぐ売ることはもちろん、誰かに貸す気にもなれず、10数年間、空き家のままだった。久しぶりに名古屋から帰って玄関を開けると、まだ新しい木の匂いがこもっていた。

マイホームを建てたのは、ほかの土地へ赴任することなどみじんも考えていなかったからだ。そんな私が名古屋行きを決心したのは、熱心に声を掛けていただいたのに加え、わが家の事情があったからだ。

私たち夫婦は子どもに恵まれず、不妊治療をしていた。心身ともに辛く、当時の治療成績はまだ低かった。治療を続けるべきかどうかについては悩み続けたが、結局は子どもを諦めることにした。

そのことが名古屋行きを後押しした。私は気持ちを新たにし、「私たちのDNAは残せないが、これからは良い人材を育てて社会のお役に立ちたい」との思いで心を決めたのだ。

私の考えを伝えると、妻は賛成してくれた。

父も教授として迎えらえることを喜び、私にひと言、「人のお役に立つような人になれ」とだけ言った。

大学受験の時には「大学は大阪で」とさんざんこだわっていた母も、名古屋への赴任を喜んでくれた。

初めて名市大へ出勤して、何よりうれしかったのは、学生が優秀だったことだ。良い人材の育成に力を注いでいくと決心した私にとって、学生はわが子同様の存在であり、帰宅して最初に妻に伝えたのもこの喜びだった。

大阪で新築したマイホーム

トップ10以内を目指す

名市大の学生は優秀だったので、教育者としての私は新しい勤務地に満足していた。しかし研究者としての私にとって、与えられた環境は満足できるものではなかった。

研究室は設備が整っておらず、研究をともにするスタッフも十分ではなく、私は実験器具をそろえるなど、一から準備しなければならなかった。

英国留学から帰国して以降、「尿路結石の形成機序（でき方）を解明し、予防法を開発する」という私の研究は、従来の定説を覆す成果を上げていたが、研究の環境が大きく変わったことから停滞を余儀なくされた。

赴任して間もないころのそんな私を、いろいろ助けていただいたのが、3歳年上で生化学者の加藤泰二先生と当時は助教授の浅井清文先生だった。後の医学部長である。

先生方とは研究領域が異なっていたが、「これも名市大のためです」とおっしゃって、献身的にお世話いただいた。

その加藤先生は残念なことに50代で亡くなられた。ご健在であったら、名市大を背負っておられたことだろう。今でも時々、ご報告やご相談をするために、名古屋・八事の墓地を訪れている。

就任2年目の泌尿器科の忘年会のあいさつで、私は「20年後の退職時には、全国の大学で10番以内の泌尿器科にする」と宣言してしまった。

当時名市大泌尿器科は全国で30番から40番ぐらいだったと思われるが、教室員の優秀さから、ただの勢いで言ったのではなく、確信するところがあった。

その後、泌尿器科の魅力を出すことと、若い人材の勧誘に日夜努めることにより、教室のメンバーが毎年増えていき、年を追うごとに充実していった。多くの優秀なスタッフが育ってきたので、私はスタッフとともにがむしゃらに仕事をし、やりがいのある教授生活を過ごすことができた。

そして、就任2年目の宣言が、退職時である２０１４（平成26）年までにどうなっていたかというと

・文部科学省からの科学研究費の獲得額は日本一
・米国泌尿器科学会発表の採択数は世界トップ10
・教室員の学会などからの受賞は約２００件
・手術件数は全国３位

など、就任した当時からすれば、想像を大きく上回る成果を上げることができた。これもひとえに秀れた教室員の団結力の賜だと深く感謝している。

名市大教授就任の披露パーティーで(妻の洋子と)

骨を埋める覚悟で

私は地縁がなく、知人もいない名古屋の地へやってきた。縁があるとすれば、本書のはじめで述べたように、先祖がお仕えした蜂須賀家のルーツが尾張であるということくらいだ。

だが、新しい環境に不安はなかった。むしろ希望を抱く前向きな気持ちのほうが大きく、ここで骨を埋める覚悟が自然にできていた。

それだけ快く受け入れてもらえたということであり、それが今日の私へとつながっている。

しかしながら、地元の人同士のつながりには強いものがあり、自分も名古屋の高校や大学の出身であったらよかったのに、と思うことがこれまでにしばしばあった。だからこそ、私は一人ひとりとの付き合いを大切にするよう心掛けてきた。

妻も周囲の人たちに何かと助けられていたようで、名古屋へ越してきたことへの不満は一度も聞いたことがない。私の仕事への理解もあり、帰宅が遅くなったり、出張が続いたりしても、愚痴を言うことはなかった。

名古屋は食べ物も水道の水もおいしい。山や海が近いので自然に恵まれ、住み心地は抜群だ。ただ欠点もある。巨人戦のラジオ放送が少なく、ファンとしては何とかしていただきたいと思う。

着任当初でつらかったのは、身内の不幸が続いたことで、赴任してきた年の暮れには兄嫁に胃がんが見つかった。進行していたが、幸いなことに今でも健在である。

翌年には兄嫁の両親が亡くなり、次の年には妻の姪《めい》が、続いて私の父が、さらに翌年には妻の父が亡くなった。この不幸はいつまで続くのだろうと不安になる一方、２人の父に見守られているとの思いが心をよぎることがしばしばあった。

私が年末に帰省していた時、私の父は急に呼吸の苦しさを訴えたため、近くの病院へ運んだ。あまりの苦しみようで、意識がなくなる直前の「もういい」のひと言が今も耳に残っている。

その時は一命をとりとめたが意識は戻らず、２カ月後に亡くなった。亡くなる直前に大きな口を開け、私たち夫婦に話し掛けようとしていたが、声は聞き取れなかった。

父は、帰省していた私たちが名古屋へ戻る時、私に「気をつけて帰れよ」と言い、妻には「洋子さん、頼んだよ」と言うのが口ぐせだったが、あの時の聞き取れなかった言葉を事あるごとに自分なりに解釈し、心の支えにしている。

教室の仲間たちと（最前列左端が筆者）

支えてくれたメディカルスタッフ（後列左端が筆者）

人を育てる喜び

大学病院には、研究、教育、診療、社会貢献という四つの役割がある。どれも大切だが、私が一番力を入れてきたのは人材育成である。

その思いは、名市大に赴任してきた時から持ち続けてきた。子どもに恵まれなかった私は、これからは人を育てることで社会に貢献していこうと心に決めていたからだ。

その思いは年を経るごとに強くなっていった。学生や若手医師に対して医師として、また研究者として私が持っている経験や知識のすべてを伝えたい、願わくば人生を変えるような良い影響を与えたい、と意識するようになっていった。

他の仕事でも同じだと思うが、人を指導し、それが成果に結びつくのには時間がかかるものである。

例えば、手術は自分自身でやるほうが早いし効率的だが、患者さんに迷惑のかからない範囲で若い人に経験を積んでもらわなければ、医師は育たない。研究や論文の作成でも同じことが言える。

こうした時間をともに過ごし、この人は立派に育ったと思える時ほど、うれしいことはない。幸いなことに、教室から8人の教授が巣立っていった。

このほかにも、素晴らしい研究をしている先生や、優れた臨床医になっている先生、一時期厚労省の役人になった先生、そして、医師会の会長や役員になっている先生もいる。彼らの活躍は、私の最大の財産であり喜びである。

だが、すべてがうまくいったわけではなかった。その人のためになると思って下した判断が理解してもらえず、離れていった人もいる。いつまでも心に残っているのは、こういう人たちのことだ。あの時、どうすれば良かったのか…。こうした思いが消えることはない。

さらに、心から離れないことがある。若くして大病で逝去された数名の先生方のことである。彼らの思いを背に名市大のさらなる発展に努めたい。

人を育てることに王道はない。人はそれぞれ異なっているからだ。性格も能力も価値観も違う。だから指導方法は異なっていなければならない。優れた指導者をまねてみても、成功するとは限らない。これが、これまでの経験から導き出した私の結論である。

ただ、これは間違いないと言える指導法もある。厳しくするより褒めること。そして、大きな目標を持つようにさせることだ。もっとも、教育者としての私への評価は「言い方はやさしいが、言っていることは厳しい」ということらしい。

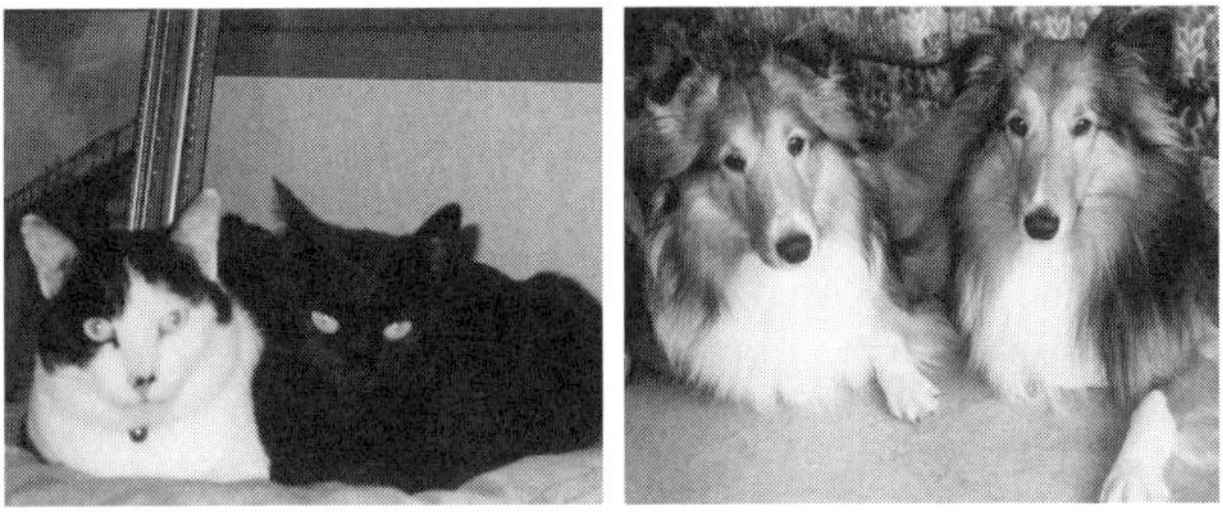

私達の４匹の家族
(232頁を参照)

当時の勉強会(Ｖサインするのが筆者)

前立腺がんの腹腔鏡手術

１９９８（平成10）年、名市大の泌尿器科はフランス・ボルドーにある病院との交流を開始した。いち早く前立腺がんに対する腹腔鏡手術が行えるよう、技術を学ぶのが目的だった。

名市大の前立腺腹腔鏡手術件数が全国トップクラスという実績の原点は、この交流にある。

それまでの前立腺がんは、開腹手術による治療が行われていたが、この方法は手術時間が長く、出血量も多く、傷が大きく、回復するまでに時間がかかる。これに対して、腹部に空けた小さな穴から器具を挿入して行う腹腔鏡手術は、身体的負担を大きく軽減することができる。

腹腔鏡手術が本格化したのは、小型ＣＣＤカメラが開発されてからのことである。88（昭和63）年に内視鏡像をテレビ画面に拡大して映す技術が開発され、それまでの外科学の常識を塗り替えていく変革が始まっていった。

フランスと米国の医療チームが胆のうの摘出手術に成功し、そこからアジアを含む世界へ一気に広がり始めた。日本では90（平成2）年に初めて、胆のうの摘出手術に成功している。

91（平成3）年の近大時代の時、新しい時代の到来を感じていた私たちは、実験動物を使って腹腔鏡による腎臓の摘出手術を繰り返し修練した。

しかし、当時の私たちの実力には限界があり、そのことを指導教授であった栗田先生に報告した。いつもは何でも自由にさせてくれる先生だが、私たちに言ったのは「もう、やめとけ」だった。これで私たちの挑戦は、ひとまず終わった。

1990年代前半の腹腔鏡手術は、摘出の容易な胆のうに対して行われていたが、やがて腎臓など体の奥深くにある臓器に波及していった。その後さらに複雑な位置関係から手術が非常に難しい前立腺についても、成功例が報告されるようになった。

泌尿器科でもっとも技術を要する手術は、前立腺がんの手術である。しかも患者さんは超高齢社会になって年々増えている。その手術で患者さんの身体的負担を大幅に軽減できるのなら、腹腔鏡手術をやる必要がある。

そう考えた私は、近大時代に成し得なかった腹腔鏡手術への再挑戦を全国に先駆けて名市大でするために、フランス・ボルドーにあるサント・オーギュスタン病院との交流を進めることにした。

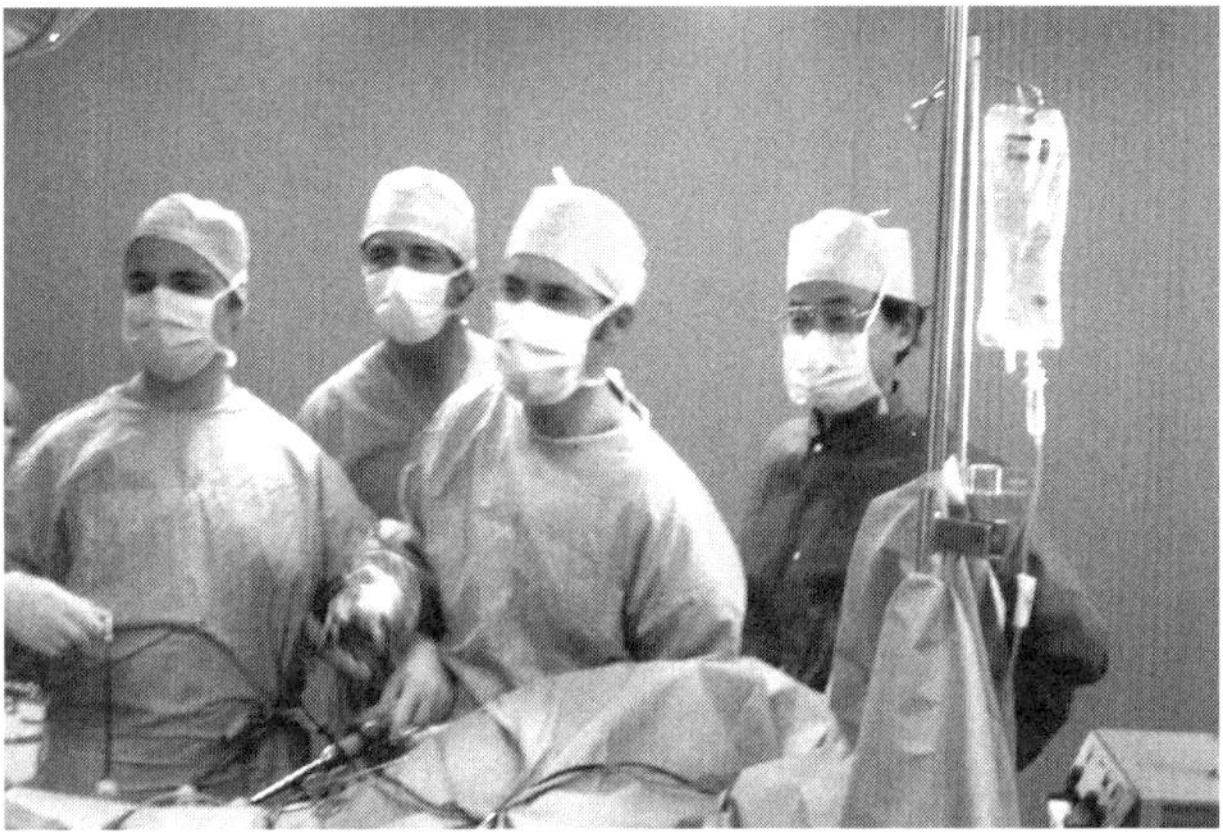

ボルドーで腹腔鏡手術を学ぶ(右端が筆者)

ボルドーでの交流(右から２人目が筆者)

ロボット手術への挑戦

前立腺手術で技術を競っていたのはフランスと米国であり、どちらの国で学ぶべきかを選択しなければならなかった。海外留学の時もそうだったが、私は欧州びいきだったこともあり、フランスに決めた。

次にフランス国内では、パリとボルドーに研究拠点があり、パリでもよかったのだが、大都会の雑踏にまぎれるよりも伝統と歴史文化があり、自然に恵まれ、ワインがおいしいボルドーに決めた。

現地で実際に前立腺の腹腔鏡手術に接してみると、開腹した時のような出血がなく、術後の痛みが少ないだけでなく、尿失禁や排尿困難などの合併症も少なく、「これからの手術はこれだ」と私たちは確信した。

私たちが7、8時間かかってしまう手術も、現地の医師は2時間で終えてしまい、レベルの差は大きかった。

このため何度もボルドーを訪れ、逆にボルドーから名古屋に指導に来てもらい、トレーニングを重ねていくうちに、私たちも2、3時間で手術を終えることができるまでになった。

若い医師への指導として、既存の開腹手術に加えて腹腔鏡手術という新しいトレーニングも行なった。かなりのエネルギーを投じなければならなかったが、前向きに取り組むことができたのは、医師たちが新しいことへのチャレンジ精神と全国でいち早く技術を修得したいとの熱意にあふれていたからだろう。

もし、キャリアを積んだ開腹手術に自信のある医師が多かったとしたら、これだけのエネルギーは出せないだけでなく、それまで磨き上げてきた技術やプライドが否定されるように感じたことと思う。しかし、それでは進化し続ける医療の行方を読み解きながら、前向きに対応していくことはできない。

腹腔鏡手術の次の大きな展開は、ロボット手術になった。名市大は腹腔鏡手術の経験を積み重ねていたので、厳しいトレーニングの国際資格をクリアして、いち早くロボット手術を導入することができた。しかし、手術において最も重要なことは安全に手術をすることで、現在まで大きな合併症がないことはありがたいことである。おかげで、手術症例数は全国トップクラスになっている。

現在では、全国各地の医師がロボット手術のライセンスを取得するため、名市大を訪れるようになっている。さらに、若い先生は国際指導医のライセンスを取得するまでに至っている。

苦労の上にも先生方が大きく育っていることが、私の最大の喜びである。

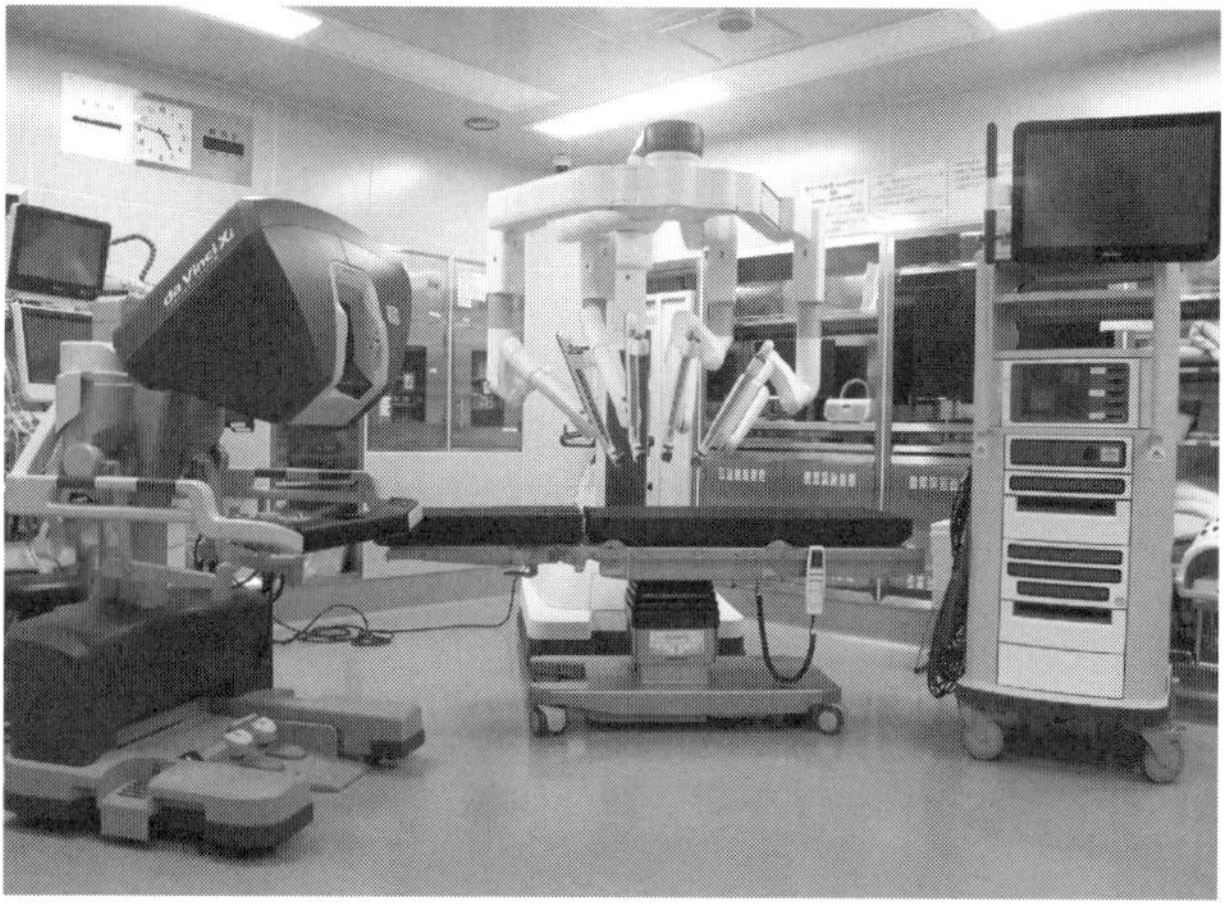

ロボット手術の機器

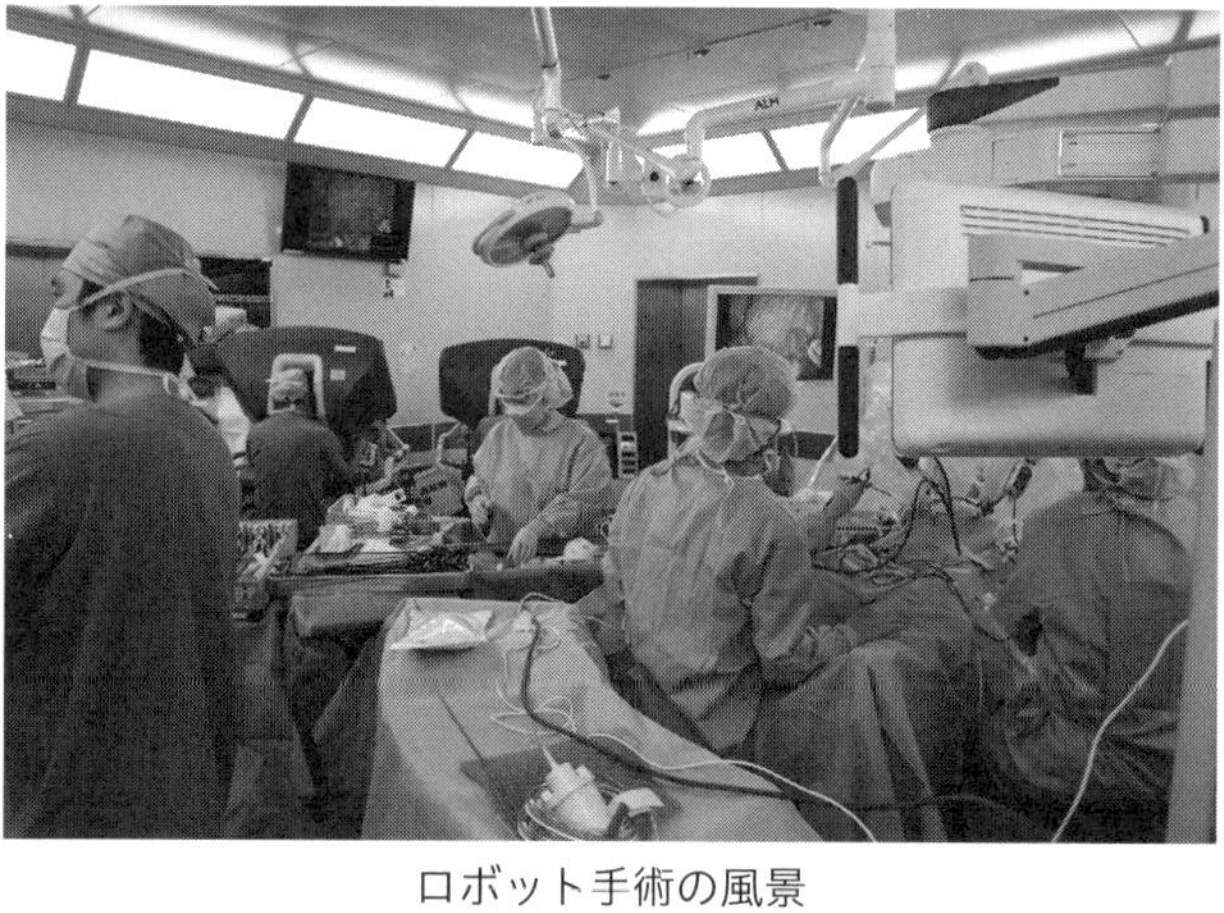

ロボット手術の風景

〝名古屋人〟として認められる

1999（平成11）年、予想もしていなかったことが起きた。「中日文化賞」をいただくことになったのだ。

その前の年の暮れ、私は突然、学長の伊東信行《いとうのぶゆき》先生に呼び出された。なぜ呼ばれるのか、何ひとつ心当たりがなかった。

伊東学長は私の顔を見るなり言われた。

「中日文化賞に推薦したいので、申請書を書いてほしい」

私は何のことだか分らなかった。

「それはどういう賞ですか？」

各分野で優れた業績を上げてきた方々に、中日新聞社から贈られる賞とのことだった。何らかの形で中部地区に関係している人が対象のようである。

概要を説明してもらっているうちに、私にふさわしくない賞のように思えてきた。この時の私は、大阪からやって来てまだ5年目で、とても中部地区に関係の深い人間とは言えなかったし、この地に骨を埋める覚悟でいるとはいえ、本質はまだ関西人である。

それに、大阪に住んでいた時からジャイアンツファンだったので、中日新聞のことはよく知らず、このような賞をいただくのは失礼なような気もしていた。

伊東学長はがんの研究が評価されて、85（昭和60）年に受賞しておられ、受賞すれば名市大からは私が2人目とのことである。私はこの時50歳で、年齢的にもふさわしくないように思えた。

しかも、申請書は今の時代のようにパソコンではなく、マス目に文字を埋めてタイプしなければならない。私が困惑しているので、結局、書類は学長の秘書の方にタイプしてもらうことになった。

競争率は10数倍、しかもすぐれた候補者ばかりだったと後で知ったが、いただいてからこの賞の偉大さと重みを知ることになり、当地での交際の輪は大きく広がっていった。

大阪から来たばかりのころは、「いつ大阪へ帰る？」「次はどこへ行く？」としばしば質問され、あまり良い気はしなかったが、ようやく地元に受け入れてもらえたような気持ちになることができた。

本学での３人目の中日文化賞受賞者は、２０１７（平成29）年に不育症の世界的な研究が評価された産婦人科教授の杉浦真弓先生が、４人目は19（令和元）年、耳鼻科教授で長年、名古屋ボストン美術館の館長を務められた馬場駿吉先生が受賞されている。

中日文化賞の贈呈式（前列左から２人目が筆者）

医療事故の発生

人命を守り救済する病院で、医療事故は絶対にあってはならない。そのため、安全管理体制を整え、細心の注意を払い、講習や訓練を重ね、万全の構えで臨んでいる。それでも、医療事故は起きてしまうことがある。

1999（平成11）年、横浜市立大学病院で患者さんの取り違え事故が起きた。看護師の搬送ミスによるもので、開腹後にその過ちに気づいたという出来事だった。

このような事故が二度と起こらないようにするため、横浜市大病院では原因の徹底解明と医療安全管理のための取り組みを始められたが、この時、特定機能病院としての承認が取り下げられることになった。

特定機能病院とは、高度な医療の提供、高度な医療技術の開発、高度な医療に関する研修を実施する能力を備えた病院のことで、93（平成5）年から制度化され、横浜の医療事故が起きる前までは全国で82の病院が承認されていた。

2000（平成12）年10月、このように特定機能病院の承認が取り下げられかねない出来事が、名市大病院でも起きてしまった。

脳内動脈瘤が破裂した患者さんが、ほかの病院で受け付けてもらえず、たらい回しの形で名市大病院へ救急搬送されてきた。

そこでカテーテルによる治療を施したのだが、残念なことに患者さんは亡くなられた。治療後に写真を調べてみると、脳内の血管に空気が認められた。

なぜ空気が入ったのか、その後の調査でも原因を明らかにできなかったが、新聞には手術中に脳血管内に生理食塩水を送り込んでいた輸液パックが空になり、その中の空気が注入されて死に至った、と大きく報道された。

治療中の患者さんの血管に空気が送り込まれるなど、絶対にあってはならないことなので、厚生労働省から管理のずさんさを叱責された。

当時は病院長はいわば名誉職のようなもので、おおむね高齢の方が就任していたが、この時の病院長も退職前の人格と能力ともに尊敬する先生だった。

当時のわが国の医療界は医療安全に対する意識が乏しかったと言わざるを得ず、事後対応や厚労省の叱責にはとても耐え難いことだったと思う。名市大はこの事故を契機に病院の安全体制の見直しと医療改革に大きく進むことになった。

改装前の名古屋市立大学病院

病院長を引き受ける

病院長は辞められたが、この非常時に後を引き受ける人は現れなかった。すると、私のところに後任の話が回ってきた。私は50歳を過ぎたばかりで、年齢的にもふさわしいとは思えず、固辞した。

それでも説得に多くの人がやって来て、「引き受けないでどうする」と迫られた。非常事態だからこそ、若いほうがいいとの判断があったのかもしれない。

だが、このような時に病院長という重職を引き受ければ、泌尿器科の仕事を二の次にして、病院の将来を左右する問題に取り組まなければならなくなる。泌尿器科では、腹腔鏡手術を修得するため、フランス・ボルドーの病院との交流が始まったばかりだった。

就任後、一時停滞していた研究も、施設や機器が整い、若いスタッフも充実し、ようやく軌道に乗りかけた時期でもあった。

しかも、助教授や講師は38〜40歳で、泌尿器科のすべてを任せるにはまだ若く、私が抜けるわけにはいかなかった。

彼らに任せて、泌尿器科で重大な医療事故が起きてしまったら、それこそ大学病院の存続に関わる問題に発展しかねない。

だからといって、熱心な説得を固辞し続けるのも心苦しく、私は林祐太郎、佐々木昌一、戸澤啓一の3人の助教授と講師に相談した。

「私が病院長を引き受けたら、教育、研究、診療のすべてを任せることになるが、先生らは大丈夫か？」

3人は即答した。

「やります」

のみならず、私を説得してきた。

「今の名市大は危機的な状況にあります。後は僕たちがやりますので、病院長を引き受けてこの難局を乗り切ってください」

3人のこの言葉に背中を押され、私は2001(平成13)年4月から03(平成15)年3月までの2年間、病院長を務めることになった。

私には非常に厳しい2年間だったが、泌尿器科にとって悪い結果ではなかった。私は期待半分、不安半分で後を任せたが、3人は教室や関連病院の人たちをひとつにまとめ、見事に多くの手術をこなし、研究も大きく前進させ、新たに多くの若い医師を入局させてくれた。

自らの力で成長していったのだ。私は3人から「信頼して任せることの重要性」を教えられた。

多岐に大きくなった教室の研究分野と責任者

私を支えてくれた人たち
(左から林先生、私たち夫婦、安藤、佐々木、戸澤の各先生)

厚労省の医療安全対策モデルに

大きな医療事故の後の病院長という役職は、厳しく辛いものであり、2年間の任期中に、7回も謝罪と説明のための記者会見を行わなければならなかった。

現在では医療現場への理解が進み、医療事故についても冷静かつより正確に受け止めてもらえるようになってきたが、当時は社会からもメディアからも、医療界に対して厳しい視線が向けられていた。

例えば、東北地方でこのような事件があった。妊娠中に子宮が剥離して大出血する病気があり、医師は母親を助けるか、産まれてくる子どもを助けるかの過酷な選択を迫られた。医師としてはほかになす術がなかったのだが、その医師は殺人罪に問われ、警察に逮捕されてしまった。

結局は無罪になったのだが、このような医療の現場への理解に欠ける事案が起きると、その診療科を敬遠する人が増えていった。事実、外科や救急、産婦人科、小児科のなり手不足の一因になった。

もちろん、医療事故が起きれば、ひとつひとつをしっかり検証していく必要がある。これについては後で詳しく触れるが、同時に、できるだけ医療事故の起きない医療体制をつくり上げていくことが不可欠である。

その取り組みのひとつとして、「医療安全マニュアル」（リスクマネジメント・マニュアル）を作成することにした。

それまでの医療は、医師それぞれの経験によって、医療の方法が異なっていたからだ。

例えば同じ薬を処方する時でも、「何ミリ」「何錠」「何ユニット」とさまざまに用いられ、医師、薬剤師、看護師との間で意思の疎通を欠いていたことも医療事故の原因になっていた。

鼻から胃へ流動食を送り込むチューブと点滴のチューブは似ていたため、関西地方で医療事故が起きたことから、事故防止を意識した医療機器の設計がなされるようになった。

名市大では、安全という観点から医療行為を見直す作業を開始し、統一的な「医療安全マニュアル」を作成していった。

このような抜本的な見直し作業はそれまでほとんどなされてこなかったので、厚生労働省は、医療安全を専門に担当する部署を新設し、いろいろな角度から医療事故の原因を見直すきっかけになった。私はその一員に指名され、私たちの「医療安全マニュアル」は全国のモデルとして採用された。

医療安全のために作成した
「リスクマネージメントマニュアル」の初版
これが厚生省の安全対策モデルの一つとなった

改革に全力を傾ける

名市大の医療事故の検証と再発防止対策は、「医療事故防止等検討委員会」を設置して行った。特徴的だったのは、外部から2人の委員を迎え入れたことだ。今では全国的に行われているが、医療事故の検証では初めての試みだった。オープンで透明性の高い検証を行うのが目的で、検証結果を公開するとともに再発防止策までを話し合った。

外部から委員を迎え入れたことは、病院改革の契機にもなった。外部委員から貴重な指摘を受けることができたからだ。

その一つを紹介したい。「病院をメーカーに例えれば、診療部門は製造現場に相当するが、病院全体を統括する企画部門がない。工場と研究所しかないメーカーのようなものだ」、と外部委員から言われた。

これまでの大学や病院にはない発想だったので感動し、私はさっそく統括する部門を設置し、患者目線の病院づくりに取り組んだ。今では当たり前のことだが、当時の病院は医療だけを行い、視野が狭かったと言える。

診療科の再編も行った。例えば第一外科や第二外科を改めて、消化器外科、呼吸器外科にするなど、患者さんに分かりやすくした。

教職員間の足の引っ張り合いが医療事故につながる残念なケースもあった。そこで和を重視した運営を目指し、「以和為貴」（和を以て貴しとなす）と私は揮毫《きごう》して講堂に掲げた。私が通っていた天王寺中学の近くには、聖徳太子ゆかりの四天王寺があり、その聖徳太子が示した基本精神である。中学校長がそれを揮毫して体育館に掲げてあったのを模倣したのである。

病院には、時として恫喝《どうかつ》したり暴力をふるう人がやって来るので、そのような事態に備える対策も講じた。

それまでは救急医療を積極的に行っていなかったが、大学病院としての救急医療の必要性が高まると考えた。学内の一部で猛反対があったが、昭和区や瑞穂区の医院の協力を得て、救急搬送は急速に増えていった。

２００４（平成16）年の17階建て新病棟完成に向けても、陣頭指揮にあたった。さらに新病棟に引き続いて計画していた４階建ての外来棟建設の資金計画がとん挫しかねない状況となり、名古屋市役所に日参した。因田義男《いんでんよしお》副市長（当時）の尽力もあって、外来棟は07（平成19）年に無事完成した。

苦難の２年間だったが、普通ではできない経験をさせてもらい、それが大きな糧にもなった。少しはお役に立てたという充実感があり、もう少し続けたいという気持ちと、辞めて本業に戻りたいという気持ちは半々だった。

結局、２年で病院長は辞めることになったが、数カ月もすると、ほっとしたというより虚脱感のような寂しさが残った。

病院長時代に揮毫して掲げた「和以貴為」

2014年に完成した17階建ての新病院

医学部長に就任

病院長としての厳しい毎日が終わり、私は人材育成や研究、診療に打ち込む生活に戻った。それから2年後、今度は医学部長への打診があった。

病院長時代の私は、長年の懸案事項に解決の糸口を付け、人の和を重視した改革に全力を投じてきたが、名市大の将来のためにしておきたいことは他にもあった。

このため、今度は迷うことなく引き受け、２００５（平成17）年４月に医学研究科長兼医学部長に就任した。

一番やりたかったのは、名市大病院あるいは名市大の関連病院で研修する卒業生を増やすことだった。前年から厚生労働省の新医師臨床研修制度が導入され、全国的に大学病院で研修する医師が減っていたからだ。

診療に従事するには医師免許を修得してから2年間の臨床研修を受けなければならないという制度だが、研修医は出身大学にこだわることなく自由に研修先が選べるようになった。

私自身も卒業後、市中病院に勤務し出身大学で働いていないので、卒業生の気持ちはよく分かる。しかし、研修医は病院にとって欠かせない将来の星である。引きとどめるには、名市大の魅力を高め、愛校心を醸成していくことが不可欠だ、と私は考えた。

そこで、学生と教職員が本音で話し合うための合宿を行ったり、セミナーを繰り返し開催した。

こうした取り組みの成果は上がっていき、学生が自発的に卒業グッズとして愛校心に溢れるオリジナルコップを製作したり、他の病院で研修していた卒業生が戻ってくるようになった。

病院長時代に痛感していたことは、この他にもあった。医療技術の急速な発達や進化を先取りする形で、研究や診療の領域を広げていくことだ。そこで再生医学、臨床薬剤学、免疫学、病態モデル医学、医学教育学、口腔外科学、総合内科など、新しい部門を立ち上げていった。全国的に見るとこれらの領域の中にはすでに存在するものがあり、名市大では後れをとっていた。

多くの大学ではそれぞれの医局が一国の城であり、大胆な変革をしようとすると、反対が巻き起こることが多い。

新しい部門の立ち上げ時も同様で、最初は実りある議論ができなかったが、限られた人件費を有効活用するためのルールをつくってからは、新部門の設置や組織の改編が容易にできるようになった。改革にはいつも抵抗があるが、信頼を得ることに充分な時間と労力をかけ、粘り強く信念を持って根幹を改善することの大切さを学んだ。

学生と教員とが名市大の将来について
合宿を繰り返して語り明かした

卒業生が作った湯飲み茶わん
そこには「名市大愛」、「いつか帰らん桜の山に」とある
桜山は市立大学がある地名

養成すべきは〝研究者〟

医学部長としての私は、「愛校心を高めて卒業生の研修医を増やすこと」「時代の流れに沿って新しい部門をつくること」に努めたが、「研究力を高めること」にも力を注いだ。

最近の医学は基礎研究が軽視される傾向にある。研究者を育成しなければ、わが国の研究力はさらに低下していく。こうした懸念から、私は研究者の育成に努めてきた。

具体的な対策のひとつとして、医学研究科大学院に「修士課程」を設けた。

それまでは、医学部（6年）を卒業した学生が進学する「博士課程」（4年）だけだったが、医学部以外の学部の卒業生を受け入れる「修士課程」（2年）を加えたのだ。

この「修士課程」を修了した卒業生は、博士課程に進学し医学研究者になったり、医薬品メーカーや医療現場などで、研究マインドを身につけた技術者としての道を歩んでいる。大変うれしかったのは、最初の修了生たちが修士課程を設けたことに感謝していると、わざわざ来てくれたことである。

研究力を高めるためのもうひとつの取り組みとして、２００８（平成20）年度に「ＭＤ－ＰｈＤコース」を開設した。「ＭＤ」は医学士、「ＰｈＤ」は医学博士のことで、医学部の３、４年生から博士課程で研究を行う制度である。

学生時代に医学研究を志向していても、医師になると次第に研究をしなくなるというデータがある。そこで、早期に基礎研究の機会を与えることで、研究マインドを持った医師を養成することを目的としている。

研究者を養成すべきだという私の考えは一貫しており、現在は文科省の科学技術・学術審議会の委員会などでも同様の提言を行っている。

昨今、わが国の大学は、研究主体の大学と、教育に力を入れる大学とに二極化している。特に国立大学でその動きが大きい。大学に支給される研究費はわずか上位10校で過半数を占め、大学間の格差は大きくなっている（66頁参照）。

果たしてこの現状はわが国の将来にとって望ましいだろうか。そのような懸念から、２０１６（平成28）年に、研究の大切さと面白さを伝えたく「科研費　採択される3要素」（医学書院発行）を著した。

科研費とは申請したうちの約30％の研究者に渡される競争的な研究費のことで、文科省から支給されている。科研費も同様にわずか上位10大学が全体の60％余りを獲得している。

この格差を是正するにはそれぞれの教員が深みのある研究を行い、科研費を獲得するしかない。その支援になればとの思いで上梓したが、好評で現在まで版を重ねている。

版を重ねる上梓した『科研費 採択される3要素』

開くべきか、見送るべきか

２０１１（平成23）年４月21日から24日まで、「第99回日本泌尿器科学会総会」を名古屋で開催することになった。関係者の期待は大きく、４年前から準備を重ねてきた。

ところが、その年の3月11日、大変なことが起きた。東日本大震災である。日本中が深い悲しみに包まれ、多くの学会が中止になったり開催を延期したりした。私たちの関係するところでは、東京で予定されていた日本医学会総会が見送られた。

私たちは間近に迫った学会をどうすべきか、悩みに悩み、何度も教室の仲間と話し合った。全員が「開催したい」という意見で、学会本部も「やりましょう」と言ってくれた。

だが、名古屋にいた私たちは、被害の大きさを十分には認識できていなかった。

3月14日、私は東京での会議に出席し、帰りの新幹線に乗って驚いた。春休み前の月曜日だというのに子ども連れの家族でいっぱいだったからだ。後で知ったが、関西方面へ一時避難する人たちだった。

3月16日には、市民公開講座の鼎談《ていだん》の講師をお願いしていた中曽根康弘元総理にお会いしたが、開催するかどうかについては「〝遷都〟があるようなら、やめましょう」とおっしゃった。

その時は言葉の真意がよく理解できていなかったが、そこまで放射能汚染が深刻な状態にあったのだ。震災の情報が正しく国民に伝えられておらず、そこからこのような認識のギャップが生まれたのだと思う。

鼎談のもうひとりの講師である読売新聞の渡辺恒雄会長にお会いすると、

「このような時だからこそやるべきだ」と言われた。

3月18日からは、ヨーロッパ泌尿器科学会に参加した。日本泌尿器科学会総会に参加する方と懇談することも目的だった。滞在するホテルのテレビでは原子力発電所の爆発が何度も放映され、わが国のテレビにはない映像だったので、複雑な気分になった。

総会の準備をしている時にも余震で震源地から400キロも離れた大学の建物が揺れ、本当に開催できるのかどうか不安だった。もう一度、大きな地震があれば、その時は本当に中止せざるを得ないからだ。

プログラムや設備の発注の期限が近づくにつれて、心配はさらに大きくなった。それらの経費は参加費でまかなうので、発注後に中止になれば大変な損失が発生してしまうからだ。

この心配は、開催当日まで続くことになる。

講師をお願いした中曽根元総理(左)

市民公開講座の鼎談
(右から渡辺会長、中曽根元総理、垣添先生)

ウォルシュご夫妻

99回目の日本泌尿器科学会総会なのでメインテーマは「医道白寿」としたが、東日本大震災があったので、被災地への応援の気持ちを込めて、「陽は必ず東から昇る」というテーマを加えた。

会場となった名古屋市国際会議場では、東北地方の名産品を販売し、総会の経費を縮小するなどにより、社会事業団などを通じて、1千万円を被災地に寄付した。

学会プログラムやポスターに掲げた「医道白寿」と「陽は必ず東から昇る」は、私自身が毛筆で心を込めて書きあげた。通常は印刷物だが、書道の字体はこれら二つのメインテーマの思いが伝わる、と注目を集めた。

海外からは、世界的な泌尿器科の権威、ウォルシュ先生をご夫婦で招待した。

米国メリーランド州ボルチモアにあるジョンズ・ホプキンズ大学の先生で、その著書は世界中の泌尿器科医のバイブルとなっている。

前立腺の開腹手術の術式を確立した医学史に残る偉大な先生で、それ以前は出血量が多いので前立腺の手術は大変難しかった。

大震災後の日本に来てもらえるだろうかと心配していたが、「こんな時だからこそ、Ｋｅｎｊｉｒｏ（健二郎）のところへ行く」と言われた。世界的な大御所の出席もあってか、約30人の海外からの招待者は、ひとりも欠けることなく出席してもらうことができた。震災後の放射能への外国人のアレルギー反応から考えて驚くべきことであった。しかし、成田経由で名古屋に出ることを避ける人はさすがに多かった。

ウォルシュ先生のボルチモアの病院には、その年の1月に妻と2人で訪問していた。

滞在中に、夫人は私の妻と二人でワシントンＤＣへ車で出かけた。１月のボルチモアは寒く、外は大雪で、17年間乗り続けた夫人の車がハイウェイでエンストしてしまった。

その時、先生と私は病院にいたが、先生は静かに部屋から出ていかれた。夫人から連絡があったのだが、私には何も言わないで、ひとりでエンストの現場へ急行したのだ。

先生は私の妻だけを連れて病院へ戻り、夫人はレッカー車でやってきた自動車整備会社の人と帰宅した。

このことを後で知り、私たちを心配させまいとするご夫妻の配慮に、ただただ恐縮するばかりだった。ご夫妻の謙虚さや心配りに敬服し、「実るほどに頭を垂れる稲穂かな」という言葉を思い出したりした。

総会の二つのメインテーマ(学会プログラムの表裏紙)

名古屋城を背にしたウォルシュご夫妻

参加者は1万人

日本泌尿器科学会総会には過去最高の７千人が出席し、市民公開講座の参加者などを含めると1万人が会場に訪れた。

大盛況となったのは、世界的に著名なウォルシュ先生に来ていただいたこと、東日本大震災でほかの学会が中止になり、顔を会わせるよい機会になったこと、震災から1カ月あまりが経過し、少しは落ち着きを取り戻すことができたことなどが重なったためではないだろうか。

教室員が４年間にわたって周到に準備した計画も、華美にならないようにとの配慮から一部中止したものもあったが、多くの催しを実行した。

ＮＨＫ名古屋放送局製作の当時の人気番組「めざせ⁉会社の星」をもじって、ＮＨＫにお願いし、会場で「めざせ！泌尿器科の星」を放映してもらった。泌尿器科について市民の方々により知ってもらう良い機会になったと思う。

4日間の開催期間中、会場に「医学歴史館」を開設した。茨城県に医学の伝統的な機器が眠っているとの話を聞き、教室員が赴いて借り受けた。リストを作って準備していたが、震災で壊れて使えなくなったものもあった。

各務原市にある「内藤記念くすり博物館」からは、「解体新書」など貴重な歴史資料を多数借りることができた。同博物館は、私の赴任後、名古屋に初めて来た父が「行きたい」と言ったところで、何かの縁を感じた。

市民公開講座では、中曾根康弘元総理、読売新聞社の渡辺恒雄会長、垣添忠生元国立がんセンター総長による鼎談を行った。

渡辺会長については、おもしろい話がある。読売新聞社の会長室を訪問した時、「これを孫にあげて下さい」と言われた。100万円札だった。もちろん、おもちゃだが、「政治家が来たらこれをやる」と、ユーモア溢れる方だった。

中曽根元総理はすでにご高齢だったが、1時間の間、身動きひとつしないで姿勢よく座っておられたことに感心した。若い頃から、政治家になる目標を抱いてよく勉強され、30冊のノートに書き留めておられたことにも強い刺激を受けた。

名古屋らしさを演出するために、懇親会は名古屋城の二の丸庭園で行った。学会が使用するのは初めてのことなので、国をはじめ五つの機関の許可が必要だったが、名古屋市の職員がこの大変な仕事を引き受けてくれた。

単に学会を開いたというのではなく記念になるものとして、若い医師向けに「泌尿器科レジデントマニュアル」（医学書院発行）を教室員全員で執筆して上梓した。初めての企画本ということもあり好評で、現在まで版を重ねている。

多くの方からの「印象的な学会だった」との言葉に、それまでの努力が報われた思いがした。

総会に設けた「医学歴史館」で史料を
ご覧になる益川俊英博士(左)をご案内する岡田先生(右)

総会を記念して出版し、版を重ねる
「泌尿器科レジデントマニュアル」

「内視鏡戦国時代」をテーマに

日本泌尿器科学会は会員数が約9千人で、泌尿器領域に関するわが国最大の学会である。前身までさかのぼれば発足は明治時代で、110年の歴史と伝統を誇っている。

これに対し、腹腔鏡手術の普及に伴って設立されたのが日本泌尿器内視鏡学会だ。泌尿器科の検査と手術において内視鏡が中心的役割を担うようになってきたことから、会員数は急速に4千人を超えるまでになり、泌尿器科学会に次ぐ規模になっている。

その学会を2013（平成25）年11月、名市大が主催した。私の教授在任中の最後の学会主催であった。私が名市大に赴任してから20年間、一貫して医局長や准教授として私を支えてくれた佐々木昌一先生、林祐太郎先生、戸澤啓一先生と、最後の医局長を長年務めた梅本幸裕先生に企画運営を任せたところ、教室員をまとめ創意工夫を凝らした学会にしてくれた。病院長時代に、教室員を信頼して任せたことで教室がさらに飛躍したことを経験したが、その思いに似た喜びを再び感じた。

メインテーマは「内視鏡戦国時代」とした。ロボット手術をはじめ、新しい治療法や機器が次々と開発され、新たな時代の到来というメッセージを名古屋から発信したいとの思いから、3英傑にならってテーマを決めた。

会場はウエスティンナゴヤキャッスルや名古屋能楽堂で、約4千人が参加した。能楽堂での学会はめずらしく、外国人と同様日本人にも好評だった。ここでも名古屋市役所の方々にお世話になり、今につながっている。

名古屋市出身で、「今でしょ」のフレーズで人気が急上昇していた林修さんに、講演会の講師として来ていただき、会場は活気にあふれた。

懇親会ではメインテーマに合わせて、教室員が3英傑に仮装し、全国から集まった会員をお迎えして盛り上がり、名古屋をアピールした。

私の在任期間中に主催したのは、「日本泌尿器科学会総会」「日本泌尿器内視鏡学会」のほかに、「日本尿路結石症学会」「日本内分泌外科学会総会」「日本腎臓学会西部総会」「日本アンドロジー学会」等がある。

この中で印象に残っているのは、1998（平成10）年9月に開催した「日本尿路結石症学会」だ。尿路結石は私の研究テーマなので、この学会には深く関わっており、2002（平成14）年から8年間と、12（平成24）年から2年間、理事長を務めた。

開催地は岐阜県の下呂温泉。今は変わってしまったが、当時は温泉地での開催が慣わしになっており、温泉にゆったり漬かって、夜通し本音で語り合ったものだった。

教室員が扮した3英傑でおもてなし
（左から林先生、佐々木先生、戸澤先生）

日本医師会医学賞を受賞

２００４（平成16）年４月に、私のルーツである徳島で開催された日本泌尿器科学会総会の懇親会でのことだった。私は東大泌尿器科教授の河邉香月先生から突然、声を掛けられた。

「日本医師会医学賞に応募しませんか？　私、選考委員会の専門委員をしていますので」

阿波おどりの余興で会場はにぎやかで聞きとりにくく、思いがけない話でもあり聞き直した。

河邉先生の研究テーマは排尿障害の究明で、私とは専門領域も勤務する地域も異なっており、ほとんどお話をしたことがなかった。

専門委員とは、医学賞の選考委員会に候補者を紹介する役職で、選考委員会はその年の9月に行われる。河邉先生はそこでプレゼンテーションをするので、「そのための資料を送ってほしい」とのことだった。

早速、分かりやすい資料を作成して先生に送った。河邉先生のプレゼンテーションは実に見事だったようで、私の受賞は満場一致で決まったという。

先生は後で私に言った。

「私自身の試験や面接の時以上に緊張しましたよ」

自分自身のことなら、どのような結果になっても自分の責任だが、ほかの人に声を掛けた限り、「ダメでした。すみませんでした」と言うわけにはいかない。大変なご心労をおかけしたと思う。

日本医師会医学賞は医学界でもっとも権威ある賞であり、この受賞があったからこそ、その後の紫綬褒章などにつながっていったのだと思う。私にとって河邉先生は、感謝し切れないほどの恩人だ。

私の受賞講演に対して、日本医学会の高久史麿会長から身に余るご祝辞をいただいた。

「泌尿器科医でこのような新しい発想による先進的な手法を用いた研究を、緻密な計画のもとになされたことに驚いている。これまでの定説をくつがえした、わが国の医学界が世界に誇れる画期的な研究です」

当時の日本医師会常任理事のひとりに、後に名市大全学の同窓会長になられた土屋隆先生がいた。受賞して数日後、先生は私の部屋に来て、「受賞おめでとう。これで名市大は全国区の大学になれた」と過分に喜んでくださり、選考過程の詳しい様子をお話しいただいた。

私はこれまでにいろいろな賞をいただいたが、思いがけない方々からの突然の推薦によるものが多い。人と人とのつながりに深く感謝するとともに、私自身は恩返しとして若い人を育てなければとの思いを新たにしている。

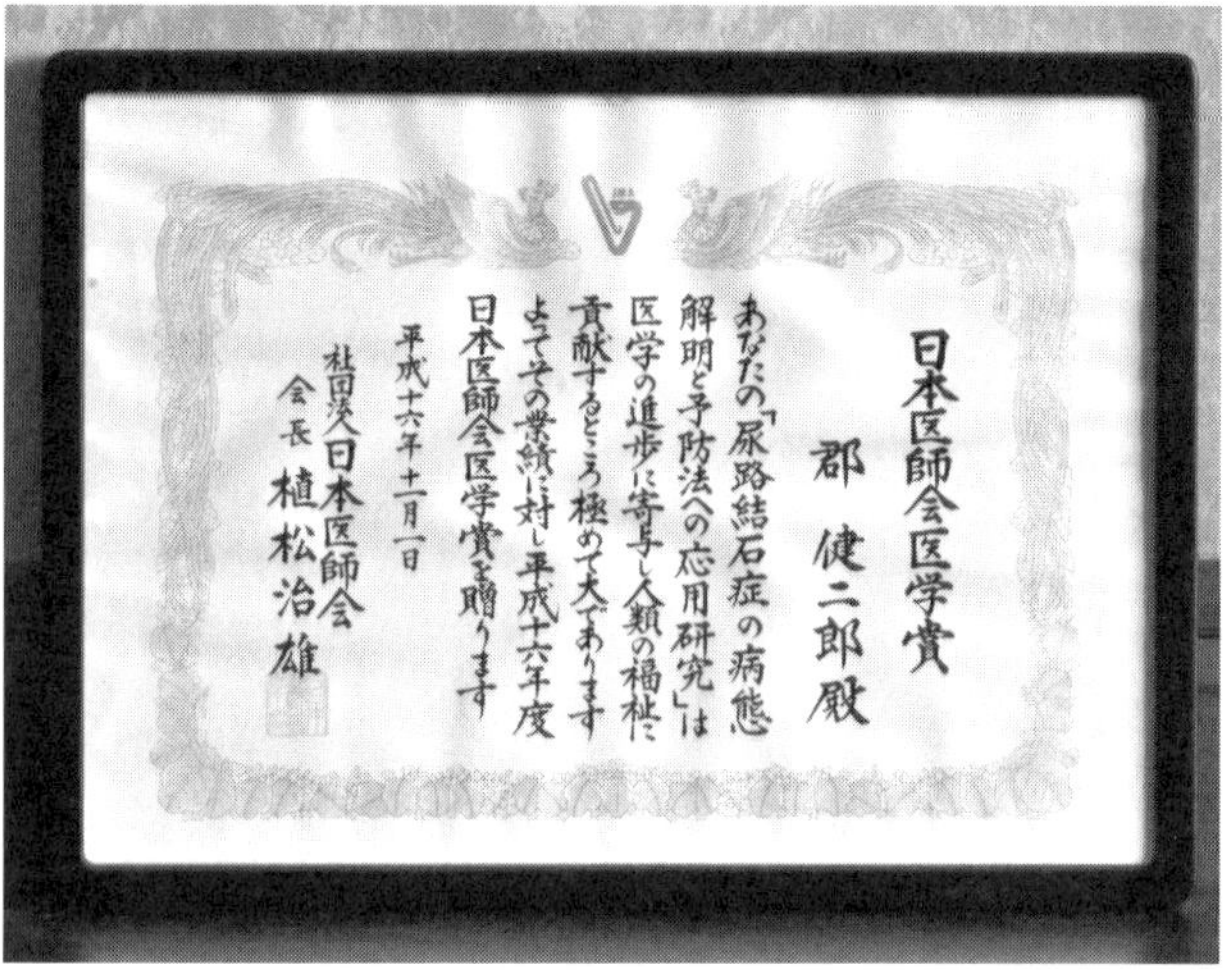

日本医師会医学賞

郡 健二郎殿

あなたの「尿路結石症の病態解明と予防法への応用研究」は医学の進歩に寄与し人類の福祉に貢献するところ極めて大であります
よってその業績に対し平成十六年度日本医師会医学賞を贈ります

平成十六年十一月一日

社団法人日本医師会
会長 植松治雄

「医師会医学賞」の表彰状と盾

紫綬褒章を受章

２００７（平成19）年の秋、医学部事務長の服部正さんから「戸籍謄本を取ってもいいですか？」との連絡があった。

「なぜですか？」と私は尋ねた。

「理由は言ってはいけないとのことなので」

「どういうことですか？」

服部さんは、少し困ったような顔をして言った。

「ここだけにしてくださいよ。紫綬褒章ということで…」

私は大変驚き、「よろしくお願いします」と小声で言ったことを、今でも鮮明に覚えている。

翌年の４月、私は紫綬褒章をいただいた。授賞式は配偶者同伴なので、妻と

2人で初めて皇居を訪れた。厳かな建物や静かな庭園に感動し、行き届いた接遇が心に染みた。

その後皇居には、歌会始め、天皇誕生日のお祝い、即位30周年記念、両陛下主催の茶話会にお招きいただいた。

茶話会では目の前に来られた美智子妃殿下の高貴な品格に、経験したことがないオーラを感じ何も言えず、私はただただ下を向いていた。

このほか、深く心に残っている賞としては、05（平成17）年に受賞した小浜市からの「杉田玄白賞」がある。受賞にあたっては、京都大学出身で福井医科大学元副学長の岡田謙一郎先生のご熱心なご推薦によるものであった。

若狭小浜は奈良時代から宮廷に食材を提供しており、古くから全国でも数少ない「御食国《みけつくに》」として知られていた。

小浜藩医であった杉田玄白はわが国初の本格的な医学解剖書『解体新書』を著

わし、医学の進歩に大きな足跡を残すと同時に「医食同源」の思想を展開した。

この杉田玄白にちなみ、食と医療、健康増進などに貢献してきた個人や団体を表彰するのが杉田玄白賞である。

受賞後にいろいろお話を聞いて分かったことだが、小浜市には東大寺二月堂のお水取りの水送りをする若狭神宮寺がある。私の母は昔から東大寺二月堂を深く信仰していた。また、父方の祖母の先祖である儒学者の柴野栗山は江戸で杉田玄白との交流があった。私にとっては何か不思議な縁を感じる過分な受賞だった。

09（平成21）年には「東海テレビ文化賞」受賞の連絡を突然いただいた。「文化人でない私でもいいのだろうか」と恐縮しながら、夫婦で授賞式に参列した。内視鏡治療の業績に対し、15（平成27）年にドイツのカールストルツ賞を、18（平成30）年には日本泌尿器医学功労賞を受賞した。支えていただいた皆さんに感謝の気持ちでいっぱいだ。

紫綬褒章を受章
母(右)も上京した

第四章　人と社会に尽くす

学長就任と大学憲章

２０１４（平成26）年４月、私は理事長・学長に就任した。前年の秋に選考が行われたが、日本泌尿器内視鏡学会の開催のさなかのことであり、大変忙しかったことを覚えている。

大学運営に携わるとなると知らないことが多かったので、文科省の考え方、公立大学と国私立大学との相違点、教育の歴史、リーダーに必要な資質、他大学の先駆的な取り組み、名古屋市の施策、名市大７学部の実態などについて猛勉強した。

だが、知識を身につけるだけでは、理事長、学長という重責を担うことはできない。重要なのは大学をどのように経営していくか、そのビジョンを掲げることであり、それには大学の経営状態を把握しなければならない。そこで、専門家や大学経営に詳しい人に会うなどして、一から勉強していった。

これにより、名市大の抱えている問題点や将来の方向性を私なりに整理することができた。

その中で強く感じたことは、名市大には大学の基本となる理念がなく、中長期を展望したビジョンもないことだった。大学の理念としては、私立大学には「建学の精神」があり、国立大学では法人化する際にその種のものを打ち立てている。

そこで私は、まずは名市大の「大学憲章」を制定すべきだと考え、大学の各部署から中堅どころの人、将来を担う人に集ってもらい、策定作業を開始した。

完成した大学憲章は、「本学に集うすべての人は、市民の付託に応え、真理を探究し、本学が人類の幸福に資する実践的な研究成果を世界に発信する誇り高き『知の創造の拠点』となるため、今後も果敢に行動していくことを誓い、ここに大学憲章を制定する」という前文から始まり、研究、教育、社会貢献、大学病院、国際化、大学運営についての指針を明らかにしたものである。

さらに、これを基に中長期を展望したビジョンとして「名市大未来プラン２０１４」を策定した。時代の変化に対応し、強みを生かしながら明るい未来を築き上げていくためのものだ。

「誇りを持ち、愛される名市大」「名古屋市とともに発展する名市大」「経営基盤が安定した名市大」「戦略性を持って世界に飛躍する名市大」の四つのビジョンを掲げ、取り組むべき52のプランを具体的に記している。

この「大学憲章」と「名市大未来プラン２０１４」は、その年の10月28日の開学記念日に公表した。

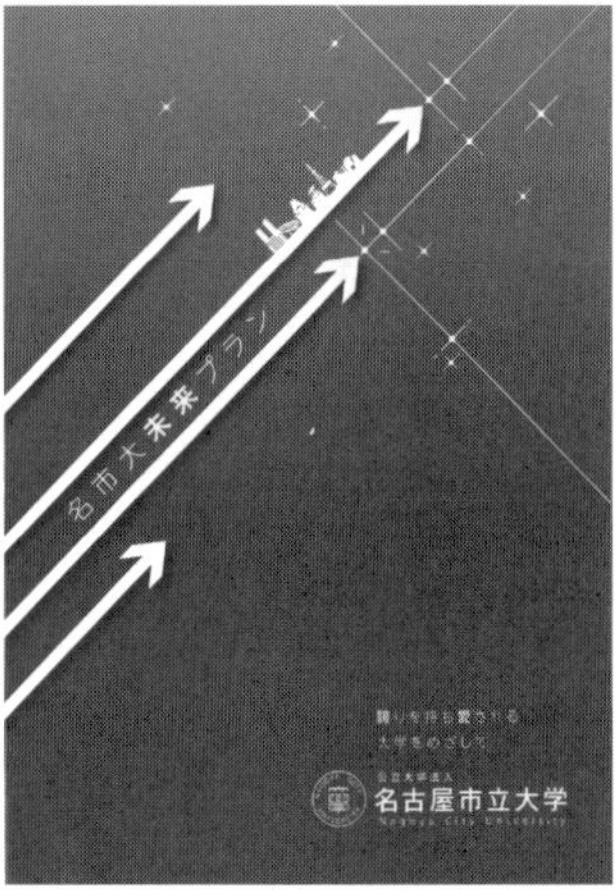

制定した「名古屋市立大学憲章」(右)と
「名市大未来プラン2014」

大医は社会を治す

中国の古い教えに「小医は病気を治し、中医は患者を治し、大医は社会を治す」というものがある。

小医は病気を治すに止まるが、中医は病気の原因を究明し生活習慣を改めさせたりして、病気にかかりにくい体を作り上げるなどの指導をする。そして、大医は病気が蔓延する社会的背景を解明し、人々が健康に暮らせる世の中を作り上げる、というわけだ。

この度の新型コロナウイルス感染症への対応はその好例である。病気を治すことだけではなく、パンデミック感染症を来たした一因と思われる自然破壊を防ぎ、国家間協力を強めることに努める人が大医なのだと思う。

このことを踏まえ、大学の在り方について考えてみたい。

全国に医学部のある大学は82あるが、医学部以外の学部がある総合大学の中でも、専門領域が医学という学長が多いし、増えている。理由はどこにあるのだろうか。

昨今、大学の経営は厳しくなるばかりだ。大学の収入は、国あるいは設置団体（県や市）からの運営費交付金、学生からの納付金、競争的外部資金、寄付などだが、運営費交付金が毎年減少し、ほかの収入源を増やす努力を強いられている。

こうした中で、付属病院を持つ大学では、収入に占める病院収入のウエートが高く、名古屋市立大学の場合は大学予算全体の4分の3が病院収入となっている。これが、病院長経験者が学長を務める一因になっているのではないだろうか。

そうだとすれば、日本の大学の将来は暗い。大学は本来、研究、教育の場である。しかも、単科大学でなければ、学問の領域は多岐にわたる。大学運営は特定の専門領域に偏ることなく、幅広い視野のもとになされなければならないが、大学経営に四苦八苦するあまり、学長が医師に偏るのは寂しい限りである。

こうした現実を踏まえ、私は「学長が医師の大学は2流大学」などと、大学関係者からお叱りをいただくような話をすることがある。

もっとも医学以外の領域でも、大学教員は世間知らずで、専門のことしか知らず、上から目線で、とっつきにくいと言われることがある。

一方、常日ごろから多くの人に接する医師は、他の領域の専門家に比べて、全体を見渡せる柔軟性があり、行動力があり、聡明な人が多いと見ることもできる。そうであれば逆に「医師が学長の大学は一流」なのかもしれない。

現在の名古屋市立大学病院(航空写真)

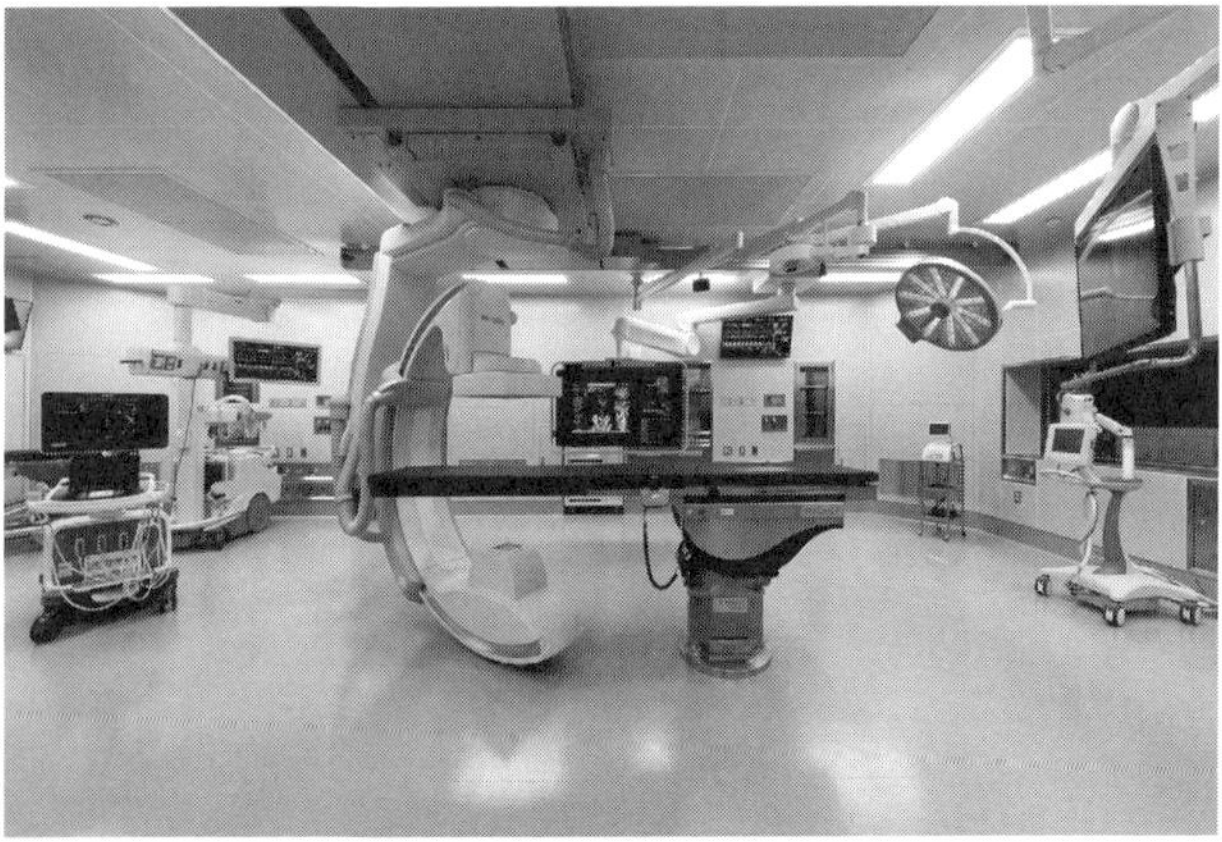

先端的医療の血管撮影しながら手術ができる
ハイブリッド手術室の設置

山村雄一先生のこと

個人的にお話したことがなく、遠目で見ていただけだが、私が理想とする先生のひとりは、大阪大学第11代総長の山村雄一先生だ。今、私が学長をしていて、山村先生の先見性、実行力、周囲を引きつける求心力、学問の卓越性など、学ぶことが多く、改めてそのすごさを認識させられる。

先生は内科医、生化学者で、私が学生の時は医学部長を務めていた。明るくユーモアに富み、大らかで人間味にあふれ、講義は魅力的で、今でも印象に残っている。

難しい話や専門外の話でも、自分なりに咀嚼《そしゃく》し、例えば講義では、まるで映画の『ミクロの決死圏』のように、いかにも体の中を見てきたかのように話してくれるのだ。

当時は血液や尿の検査が人の手から機械により自動的にでき始めた時代であった。先生は「検査データは体の状態を表す結果に過ぎない。データにとらわれ過ぎず、その原因を究明すべきだ」と言われた。今では当たり前のことだが、私は大局をとらえ、真理を突き詰める大切さを学んだ。それは、その後の医学研究者としてのあり方につながった。

そんな山村先生の教室には、優秀な人材がたくさん集まってきた。ハングリー精神に富んだ医師や研究者が多く、全国に多数の教授を輩出し、その中から2人の大阪大学総長が生まれた。

総長に就任した山村先生は、先進的で柔軟な発想のもとに、行動力、実行力のある大学改革を行った。

当時の阪大が抱えていた最大の問題は、いろいろな大学が統合してできたいわゆるタコ足大学であるため、校舎があちこちに分散していたことだった。

これを大阪万博後の大阪北部にある千里に統合するため、先生は文部省などに自ら日参し、それはやがて実を結ぶことになる。

また、山村先生は「既存の学問や組織ではだめだ」と考え、専門領域にとらわれることのない横断的な臓器移植を専門とする研究所をつくられた。

その代表には、私の恩師である泌尿器科の園田孝夫教授が、附属病院長を終えた直後に泌尿器科教授を辞して就任した。大物教授の就任で新研究所のステータスは高まった。

このような横断的な研究所は今では全国的に当たり前になっているが、異なる学問分野にまたがる学際的研究所の先駆けとなった。

名古屋市立大学
分子医学研究所
故加藤泰治教授

名古屋市立大学
故伊東信行元学長

東京大学泌尿器科
河邉香月名誉教授

京都大学泌尿器科
吉田修名誉教授

福井大学
岡田謙一郎元副学長

大阪大学小児外科
故岡田正教授

お世話になった方々に深い感謝

積年の思いの総合生命理学部の創設

私が理事長・学長に就任してまず取り組んだのは、自然科学の基礎研究を行う「理学部」をつくることだった。研究を重視する大学には不可欠と考えていたからだ。

名市大は２００２（平成14）年４月、大学院のみの理系研究科として「システム自然科学研究科」を開設した。当時は、学部と大学院を切り離した「大学院大学」をつくる構想が全国的に進められていたからだ。

名市大ではその後、その研究科に学部学生を求める意見が多くなったが、資金や教員、施設などに関する議論が長年平行線をたどり、理学教育への取り組みは膠着《こうちゃく》状態が続いていた。

そこで私は、システム自然科学研究科長の湯川泰先生らと何度も話し合い、学内や名古屋市のコンセンサスを得て、２０１８（平成30）年4月、「総合生命理学部」を新設した。

東海地区では76年ぶりの理学部の開設であり、理学志望の学生にとっては、関東や関西、静岡などの大学へ進学することなく、名古屋で学ぶ機会が得られるようになった。

今は1学年40人の小さな学部だが、今までにない新しい風を名市大に吹き込んでくれている。「将来はノーベル賞を」と冗談交じりに話しているが、実際にそうなることを心から願っている。

さらに力を入れたのは、7学部の壁をなくすことだった。名市大は、それぞれ独自の歴史を持つ教育機関をルーツとする7学部7研究科で構成されている。このため、運営スタイルや考え方、大学への思い、同窓会との関係などはそれぞれに異なっていた。

それを教育面で是正すべく、全学で一体的に取り組む「高等教育院」を設け、現在では文科省の支援を得た教育デジタル化の先駆的事業に繋がっている。

この壁をなくしてひとつにするため、「大学憲章」や「名市大未来プラン」を作成したわけだが、その成果が誰の目にもはっきり見える形で体験できたのが、全学を挙げて取り組んだ15（平成27）年の「開学65周年事業」だった。

とりわけ印象的だったのは、その年の瀬に愛知芸術文化センターで行ったベートーベン「第九」の演奏と合唱だった。教職員と学生、同窓生、そして地域住民ら約300人と、欧州から招へいした4人のオペラ歌手によるもので、1800人を収容できる会場がいっぱいになり、感動的な盛り上がりを見せた。

この成功を踏まえ、大学と同窓会が一体となって、20（令和2）年の「開学70周年」の準備を進めていった。

開学65周年事業として「第九」を4人のソリストと共に
全学で演奏・合唱した

全国初の取り組み

名市大での新しい領域への取り組みを紹介したい。

2019（令和元）年5月、患者本位の全人的ながん治療の実現を目指した「がん治療・包括ケアセンター」を名市大病院に開設した。

先端的医療のみならず、がん患者が抱える不安の解消から在宅医療、就労の支援まで、がんとの共生をサポートしようというものだ。大学病院が医療という範疇を超えて包括的にがんと向き合っていく、全国的にも新しい挑戦だ。

さらにトップレベルの医療を目指して、ゲノム医療や人事交流では国立がん研究センターと包括連携協定を結んで取り組み始めている。

同年10月には「脳神経科学研究所」を設立した。近年急増している認知症や発達障害のための研究所で、これも全国で稀な試みだ。設立にあたっては名古屋市から経済的支援を受け、すぐれた研究者が全国から集まっている。18（平成30）年5月に開設した「都市政策研究センター」は、当初想定していた以上に反響が大きかった。子育て支援、AI、IoT、観光など、都市の抱える課題を解決するシンクタンクとして機能している。

今後を見据えた時、人口減少や経済のグローバル化に伴う都市間競争の激化など、都市の抱えている課題は予想以上に大きく、この流れを受けて、20（令和2）年4月には大学院に「都市政策コース」を開講した。

このほか、ここ数年間に、医療機器をデザインする「医療デザイン研究センター」、流産しやすい人のための「不育症研究センター」、先進的な薬を開発する「創薬基盤科学研究所」などを開設した。これらの研究所は、全国でもユニークな研究所として、文部科学省から「共同利用・共同研究拠点」の栄誉ある認定を受けた。

少子化や国際化が進む「不確実な時代」を乗り切っていくには、一つの大学の力では限界があり、他の大学、病院、行政、企業などとさまざまな連携を深めている。企業が業種を越えた連携を模索しているように、大学も同様の動きが必要だと思う。

今後の主な計画としては、23（令和5）年創設の「データサイエンス学部」がある。さまざまなビッグデータが溢れるなかで、いかに必要なものを収集し、加工し、使いこなしていくかという、社会のニーズの高まりに応え、それを担う人材を育てるためである。

25（令和7）年には、医学部に「リハビリ系の学科」を創設し、名古屋市独自のスタイルと方法で、高齢社会に必要な慢性医療や在宅医療に携わる人材の育成を計画している。

新設されたがん治療・包括ケアセンター
国立がん研究センターの中釜斉理事長(中央)と
スタッフ(右から２人目が筆者)

脳神経科学研究所の玄関
発展を願いながら看板を揮毫させていただいた

公立大学には「4人の母」がいる

私は２０１７（平成29）年5月から2年間、全国の公立大学の集まりである公立大学協会の会長を務めた。

ところで、公立大学と国立大学はどちらの数が多いだろうか？

一般には国立大学の方が多いと答えるだろうが、実際には国立86大学に対し、公立は98大学あり、数では国立大学を上回っている。ちなみに、私立大学数は約６００大学である。

なぜ、ここまで公立大学が多くなったかというと、経営が成り立たなくなった地方の私立大学が地域の支援を得て公立大学に衣替えしたことが主因であるからだ。

私立が公立になることによって授業料は安くなるので、定員割れしていた大学にも学生が来るようになり、経営も安定する。学生が集れば地域経済の活性化につながるので、学生にも地域にも良い効果をもたらしている。

ところが公立大学というと、国立大学と私立大学の狭間にあって、存在感が薄いのはなぜだろうか。そのひとつは、数では国立大学よりも多いが、学生数は国立大学の30％余りに過ぎないことがある。

私立大学に対して「国公立大学」と呼ばれるように、国立大学とひとくくりで言われるのではなく、公立大学ならではの特色を打ち出し、存在感を高めていきたいものだ。

では、国立大学と公立大学は、何が違うのか？

この問いには、「公立大学には4人の母がいる」と答えたい。どういうことかというと、国立大学は文部科学省と厚生労働省の管轄下にある。すなわち、母親は2人である。これに対して公立大学は、文部科学省、厚生労働省に加えて県や市（大学の設置団体）、総務省の管轄下にあり、「4人の母」に見守られているのだ。

このことが、公立大学の運営にさまざまな影響を及ぼしている。

大学の運営資金は総務省から直接公立大学に支給されるのではなく、県や市に支給された地方交付税の一部が公立大学に交付されている。すなわち、総務省から大学への教育資金の全額が公立大学に支給されていないことがある。これが最大の問題である。

さらに「4人の母」による意思統一が乏しく、意思決定や情報の提供が遅いことも問題である。

こうした課題を解決していくには、公立大学を規制している法律（地方独立行政法人法）や古くからある慣習的な制度そのものを見直す必要があると、私は機会あるごとに関係機関に働きかけることに努めてきた。

公立大学協会会長として梶田先生(ノーベル賞受賞者)や
田村議員(現厚労大臣)らと科学振興支援を要請する

菅官房長官(当時)（右から２人目)に
公立大学の現状を説明し要望書を手渡す筆者

低下するわが国の研究力

私は英国留学で多くの人のお世話になったので、恩返ししたいとの思いから、泌尿器科を主宰していた時に、各国の留学生を受け入れてきた。

印象的だったのは、中国からの30代から40代前半の若い3人の研究者が、帰国後ただちに教授になったことだ。10数年前のことだが、その話を聞いた私はうれしかったが、同時に危機意識も抱いた。

3人がいきなり教授に抜てきされた背景には、研究を重視する中国の姿勢を感じたからだ。現在では、私の予想を遥かに越えて中国の研究力は高まっている。

私は中国をしばしば訪れたが、目を見張るのは国を挙げて研究に取り組む姿である。研究費はうなぎ上りに伸びており、論文数も今や米国を抜いている。

私が懸念するのは、日本はじめ諸外国の研究者を高条件で招へいしていることである。

私が訪れたどの大学のどの学生も、熱心に勉強し、研究に打ち込んでいることに驚かされた。私たちが訪問しているから、そのような場面をつくっているのかと疑いたくなるほどで、わが国の学生が謙虚に見習うべき点は多い。

ひと昔前までは、中国では粗雑な研究が多かったように思うが、わずか15年くらいで大きく変わってきた。今では最新の機器が導入され、わが国を研究面でも抜いていることは、残念ながら認めざるを得ない。

わが国の研究力が、諸外国に比べて相対的に低下していることは、いろいろなデータから明らかである。その原因は、「政府からの研究資金がこの10年間、ほとんど増えていないこと」「大学院生の数が減少の一途をたどり、若い教員や研究者が減っていること」「企業の基礎研究への姿勢が低下していること」「若い人のハングリー精神も欠如していること」など、多岐にわたっている。

私が、その中で最も言いたいことは、社会から研究者への尊敬の念が低下していることである。ノーベル賞の受賞があった時だけ国を挙げて盛り上がるが、それもひと時だけのことだ。

研究や教育を怠るのは、将来への投資をおろそかにすることである。わが国の歴史を見ても、社会が大きく進化した明治維新や戦後の復興時には、教育や研究に力を注いでいる。未来の見えない、二流の国になってはいけない。

このような思いと解決策を中央の審議会などの委員として提言しているが、日本がこれからどうなるかは、国のリーダーたちの科学への価値観や認識にかかっていると思う。

韓国のハルリム大学との協定　ユン学長(右端)と

中国の南京大学と交流
(左から２人目が安井孝周・現泌尿器科教授、４人目が筆者)

海外の大学との交流

学長になってからも国際貢献に努めたいとの思いで、海外の大学との交流を活発化させてきた。その数は7年間で24校から50校へと大きく増えた。

しかし、名市大への留学生数も、海外への派遣学生数も、まだまだ少ないと言わざるを得ない。海外を知ることは日本を知ることでもあり、海外の大学との交流にはさらに力を入れていきたい。

大学間交流として訪問した中で、とりわけ印象に残っているのは、トルコの首都アンカラにある国立ハジェテペ大学である。

14の学部と大学院各研究科、研究所、附属病院からなる総合大学で、キャンパス内をバスが巡回するほど巨大であった。大学のランキングではトルコで1位に輝いている。

名市大とは２０１４（平成26）年10月に大学間学術交流協定を締結し、それを受けて交流が始まった。16（平成28）年３月には、両大学それぞれにコンタクトポイント（海外拠点）を設置している。

私がハジェテペ大学を訪問した少し前にはトルコでテロがあり、どうなるかと心配していたが、現地を訪れてみると国内は平穏で、よく知られているように日本人には親切な人が多かった。

初代大統領の写真と国旗がどの部屋にも飾られていたのには驚いた。帰国してからも国の情勢が不安定で、緊密な交流が途絶えがちなのが残念でならない。

18（平成30）年11月には、フランスのランス・シャンパーニュ・アルデンヌ大学と大学間交流協定を締結した。大学のあるランス市は大学の名前にもあるようにシャンパンの生産が有名で、その前の年に名古屋市と姉妹都市提携を結んでおり、この縁で学術交流が始まった。

韓国ソウル市北東の春川市にある総合大学、ハルリム大学とは、06（平成18）年11月に学術交流覚書を交わして以来交流を深め、3年前にはコンタクトポイントを設置した。その後、学生や研究者の交流は全学的に盛んになり、シンポジウムも毎年、交互に開催している。

ハリルム大学は、6つの附属病院を有し、それぞれの病院が特徴ある医療を展開することで、トップレベルの研究と病院経営が最近とくに伸びている。名市大でも東部・西部医療センターが大学病院になり、ハリルム大学に学ぶところが大きい。

残念なのは最近、両国の関係が悪化していることだが、このような時だからこそ国際交流本来の趣旨に立ち戻って、親交を深めていけることを願っている。

トルコのハジュテペ大学の学長
(右から３人目)たちと(左から３人目が筆者)

フランスのランス大学の学長と筆者

東部・西部医療センターが名市大附属病院に

２０２１（令和３）年４月、名古屋市立東部医療センターと西部医療センターは名市大医学部附属病院になった。

名市大病院のベッド数は８００床、東部・西部医療センターはそれぞれ５００床なので、３病院を合わせると１８００床になり、全国国公立大学では最大規模の大学病院が誕生したことになる。

私は、病院長そして医学部長の時代から東部・西部医療センターとの交流を進めてきたが、最終的な目標を大学病院化することに置いていた。それは名市大病院関係者すべての積年の願いでもあった。

超少子高齢化が進み、経済の低成長が続く中で、病院経営はより一層厳しさを増している。優れた医師の確保も難しい。このような変化を見据えた時、大学を主体とした医師の育成と確保は、大学人としての責務だと思う。

これら3大学病院が、それぞれの特徴を生かして発展すれば、学生は多彩な医療を学ぶ機会が増え、優秀な医師や医療従事者がさらに集まる。医療設備を計画的に保有することにより、財政を圧迫することなく、より高度な医療を幅広く提供できるなど、スケールメリットを生かした道が開けてくるのだ。

このような明るい未来の広がる構想だったが、実現するまでには大きなハードルがいくつも待ち構えており、長い時間を要した。それだけに感慨深く、世界に冠たる大学病院になることを心より願っている。

次の計画は、名古屋市立緑市民病院と厚生院の病院が大学施設になることだ。この2つの医療施設は個性的な機能を有している。その特徴を生かし、将来のあるべき医療像を測りながら、愛される医療施設にしていきたい。

さらに、名古屋市立中央看護専門学校が時代の趨勢に応えて、3年制から4

年制に移行する方針を打ち出した。それに従い、23（令和5）年には同校を名市大看護学部に統合する計画である。

こうした一連の計画の背景にあるのは、超高齢社会においては高度先端医療だけでなく、慢性期医療や在宅医療の必要性が高まっていることだ。

名市大ではそれを見据え、全国に先駆けて、新入生の時に医学・薬学・看護学部の医療系3学部を有する特徴を生かして、3学部合同で在宅医療を体験し、チーム医療の大切さを学ぶようにしている。

こうした取り組みへの負担は軽くはない。しかし、名古屋市の医療施設を活性化させることは、名市大の将来にとっても大きな投資と考えている。

「孫の時代に繁栄する大学を見据えて投資をする」

私の近大時代に、世耕総長が口にしていた言葉である。

医学部附属病院となった東部(上)
西部医療センター（下）

予算規模は国公立大学で10位に

名古屋市立東部・西部医療センターが附属病院になったことで、名市大の予算規模は８６０億円となり、全国の国公立大学では10位になった。

しかし、その70％強は病院収入であり、将来を展望すれば、外部資金の獲得、知的財産（特許）の収入、学生からの納付金、寄付金の病院収入以外の４つの収入をさらに高め、基礎体力のある大学になることが不可欠である。

また、このように大学の規模が大きくなると、名古屋市との意思疎通を深めていくことが大切になる。これについては２０２１（令和３）年、市に名市大担当の局長級職が新設され、太いパイプになっており、深く感謝している。

大学の発展には研究力の向上が欠かせない。そのバロメーターのひとつは文科省や厚労省からの補助金である。

大学としての大型の競争的補助金は、この2年間で十数件採択されており、その数はこれまでに獲得した総数に匹敵するものである。代表的なものとしては「デジタルを活用した大学・高専教育高度化プログラム」「医療創薬デザイン人材養成フェローシップ」「感染症医療人養成事業」「近未来労働環境デザイン拠点」「大学を活用した文化芸術推進事業」などがある。

名市大と言えば医療系の大学を連想されるが、芸術系、経済系、教育分野など、大型補助金は多岐にわたっているのが近年の特徴である。

こうした大型補助金の獲得にはトップクラスの大学が申請するので、競争は激しく、多数採択されたことは大学の進化が認められた証だと喜んでいる。

文科省からの科学研究費の採択件数も過去最高となり、採択額は4年間で1・5倍になっている。これまでの努力が実を結び始めている（図参照）。

「名古屋市立大学ＳＤＧｓセンター」を設置した。15（平成27）年に国連サミットで採択されたＳＤＧｓ（持続可能な開発目標）の達成に向けた活動を目的としている。イギリスの高等教育専門誌は、大学がＳＤＧｓへの取り組み度を示す「大学インパクトランキング」を公表しているが、名市大はこの３年連続しての公立大学で1位にランクされている。

名市大の地道な活動を社会に広く認知されるため、広報活動にも力を入れてきており、20（令和２）年にメディアで取り上げられた件数は約４千件にのぼり、４年前に比べて４倍になっている（図参照）。

この数日前、日経新聞の調査による「地域貢献度ランキング」で、名市大が全国1位とのうれしい知らせがあった（図参照）。大学が行う地域貢献は、大学の使命である教育・研究・診療を通したものであることから、教職員の励みにしたい。

こうしたこともあってか、リクルート社が調査する高校生からの評価が急上昇しており、将来が楽しみである。

予算規模は国公立大学で10位に

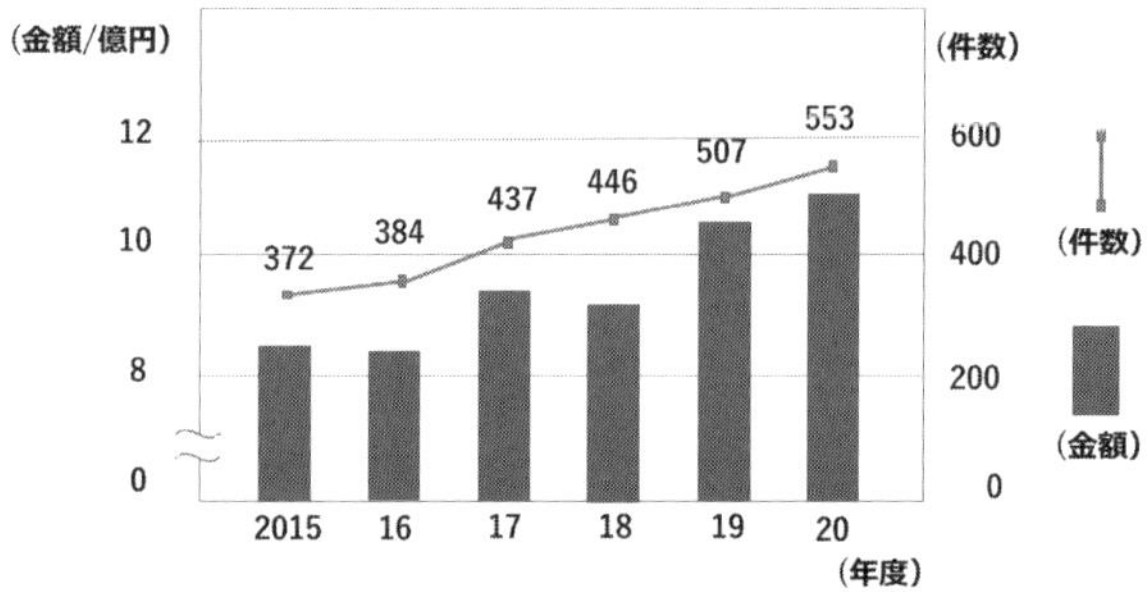

文科省の科研費獲得は過去最高に

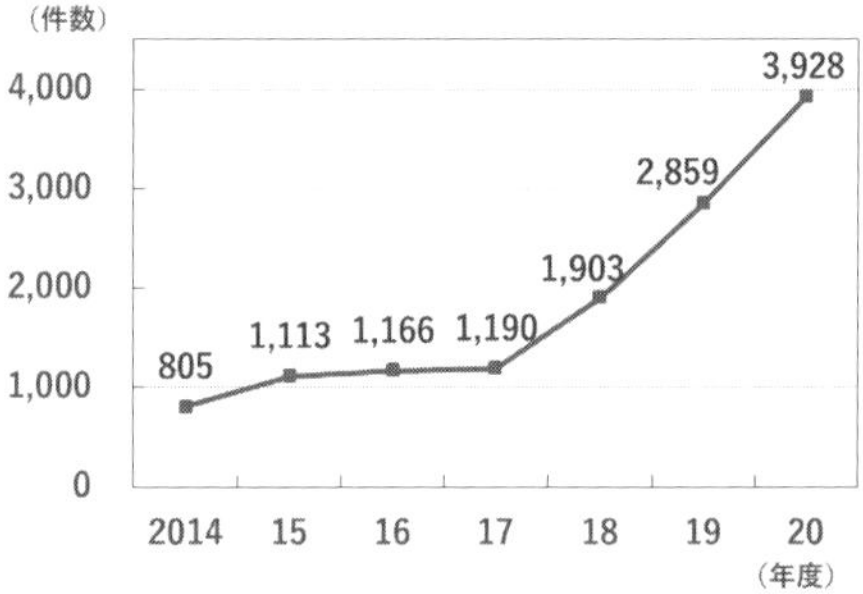

名市大の活動がメディアに取り上げられた
件数の急速な伸び

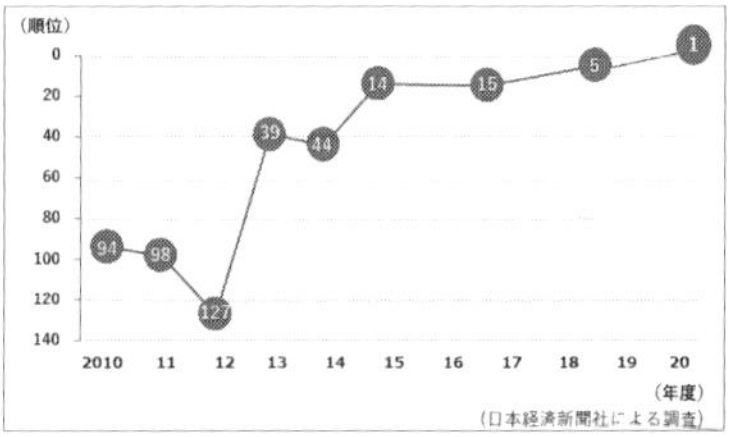

地域貢献度ランキングで好評価

新型ウイルス感染症対策に奔走する

２０２０（令和２）年は、世界の人々の社会生活が一変する事態となった。国境を越えて、新型ウイルス感染症が広がったからである。

私はこの新型ウイルスをあえて「コロナ」とは言いたくない。「コロナ」とは本来、太陽の表面を覆う灼熱の大気層のことだ。そこから地球に放たれる光と熱はすべての生命の源であり、いったい誰がこの貴い名称をウイルスに用いたのだろうか。人類が「コロナ」に勝てるわけがない。

ところで古くから、わが国は海外から感染症の危機にさらされてきた。このため、国公立病院の中には感染症専用の病床が設けられ、緊急時に備えてきた。平時では使用されないため、病院経営への負担が大きく、民間病院ではそこまで踏み込むことが難しい。

今回の新型ウイルス禍において、日本では海外に比べて重症者数が桁違いに少なく、総病床数が多いにもかかわらず、感染症病床がひっ迫してくるのは、民間病院が多く、国公立病院が少ないことが一因である。

名市大の3大学病院については、東部医療センターが従来保有している「重症感染症専用病床」10床、「感染症病床」16床に加えて、21（令和3）年に多額の建設費と多数のスタッフを投じて22床からなる「高度感染症センター」を新たに設置した。

名市大病院では、32床の「感染症専用病床」を新設したのに加え、救急センターとICU病床10床を「重症感染症患者用」に転用した。

こうした取り組みによって、名市大の3大学病院は名古屋市内で発生する患者の約20％を治療してきた。しかも、このような緊急時にもかかわらず、通常の診療や手術、救急医療はほとんど変わらず行っている。

ワクチン接種については、名市大の3大学病院から延べ3千人の医療従事者が、名古屋市の瑞穂競技場での約22万人の接種計画に協力している。

感謝の念に堪えないのは、市民の皆さんからマスクや食料品など百数十件の物品の支援をいただいたことだ。個人的にも、私の中学校の同窓生が心配して、物心両面の支援を全国から寄せてくれた。これには私も感動した。

大学を運営する責任者としては、学生や教職員の感染予防に万全の態勢で臨んできた。教職員と力を合わせて、入学式や卒業式、授業のスタイルに工夫を凝らし、経済的に困窮している学生の支援策を講じてきた。留学生とはオンラインで定期的にコミュニケーションの機会を設け、すべての学生に向けてYouTubeで学長メッセージも配信した。

それにしても、先例のない事態とは言え、政府の対応には混乱や迷走が目立つ。先見性、一貫性、専門性のある方針が必要ではないだろうか。

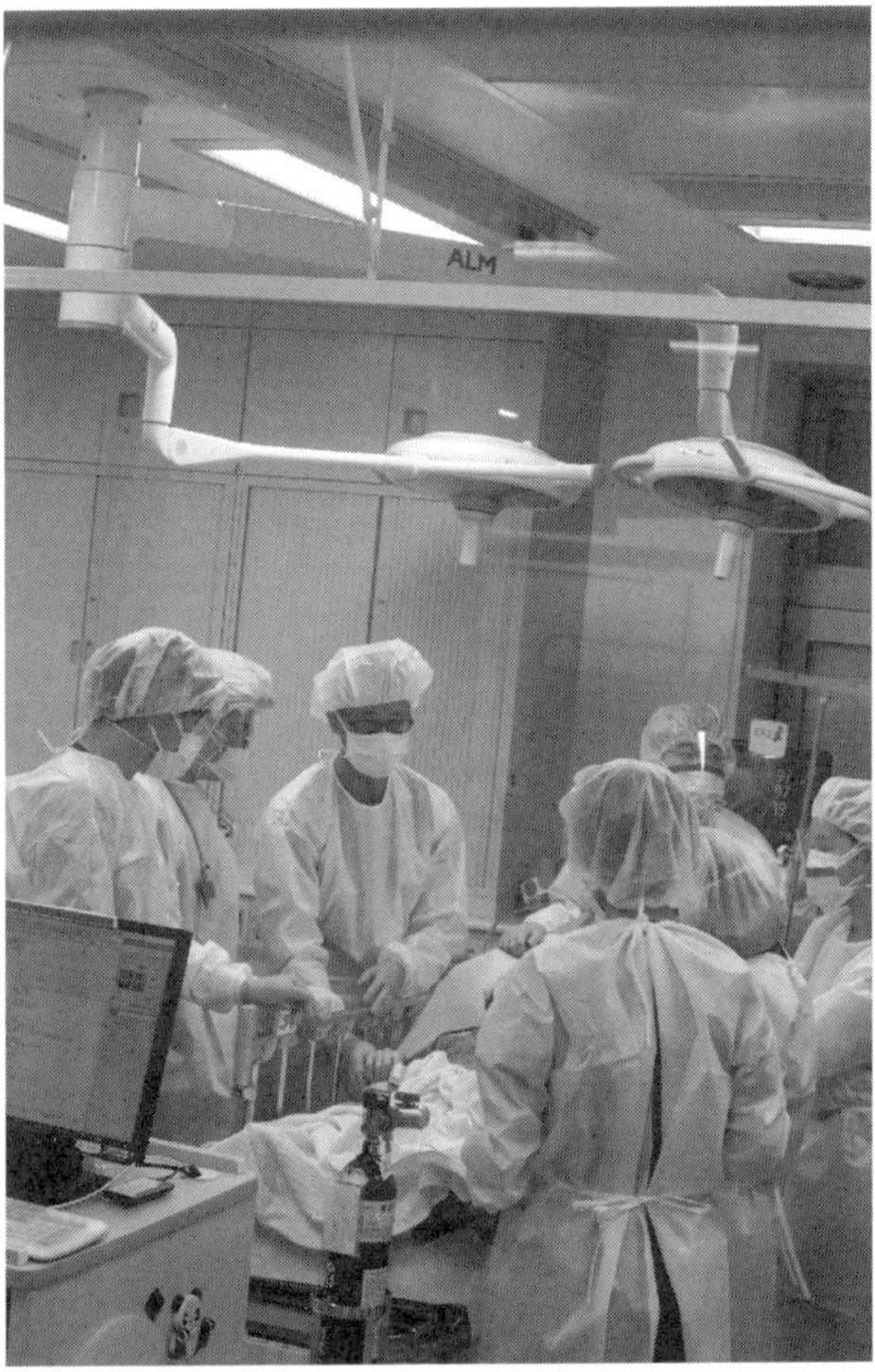

新型ウイルス感染症に立ち向かう医療現場

救急・災害医療センターの建設へ

戦後のわが国は、阪神淡路大震災、東日本大震災という甚大な被害をもたらした大地震を経験してきた。日本は地震大国と言われ、いつ来るか分からない大災害への備えを怠ることはできない。東海地区では、南海トラフを震源とする大規模地震の発生が危惧されている。

このような現状を踏まえ、名市大病院は地域中核災害拠点病院として、救急・災害医療のさらなる機能の拡充に努めている。

その一環として「救急・災害医療センター（仮称）」の建設を計画し、2022（令和4）年の着工、25（令和7）年の完成を目指している。

建物は地下1階地上8階建てで、延床面積は2万7600平方メートル。総工費は約300億円を見込み、国内の救急・災害医療センターでは最大級の規模となる。

外観も内装もモダンな建物で、ここに手術をしながら血管造影ができるハイブリッドＥＲ機器、救急専用の検査施設・手術室・ＩＣＵなど、最先端の医療設備や機器を導入する計画である。今回の新型ウイルス感染の教訓を生かして、重症感染症患者専門の部屋も充実する予定である。

大震災の発生に備えた施設であるため、当然のことながら地震時に建物の揺れを低減する免震構造を採用する。このため、大震災の最中でも手術などの診療が可能になる。

建物の中には、医療人を育成するシミュレーションセンターや市民との交流などを行う多目的ルームを設けるが、野戦病院のような状態になる大災害時には、これらの部屋が患者さんを収容するための部屋に変身し、収容規模を一気に３００名に拡大することが可能になる。

消防署とも連携して、救急車が常時駐留するワークステーションを配置する予定である。それにより緊急時には救急車に救急医が乗り込むため、現場に到着すると同時に、早期治療を施すことが可能になる。

特色あるのはエネルギー源である。「地中熱」というクリーンエネルギーを利用し、施設の一部に供給する環境にやさしい未来型の施設を計画している。

この「救急・災害医療センター」は、医療内容の先進性と受け入れ規模の大きさの両面から東海地区の救急災害医療の拠点として、市民の健康と安全を守る全国屈指の施設として期待されている。

入り口から見たところ

救急・災害医療センター

桜山キャンパスの全体像の中で

救急・災害医療センター完成予想図

「名市大未来プラン２０２１」と70周年記念事業

私が理事長と学長に就任した時、「大学憲章」を制定し、それを踏まえて「名市大未来プラン２０１４」を策定した。教職員は、未来に向かって歩む方向性を共有し、一体感を持ってプランの実現に取り組んできた。

学内の改革が進んだのみならず、名市大は何をしたいのか、外部からの理解も深まり、名古屋市との意思疎通もスムーズになってきた。その結果、運営費交付金や施設整備費などの経済的支援の急増につながっている。

「名市大未来プラン２０１４」の策定後約6年を経て、わが国の大学を取り巻く社会環境が激変してきたことから、全学約１００人の教職員がｗｅｂ会議などを通じて、新たな羅針盤となる４つのビジョン、８項目、48のプランからなる「名市大未来プラン２０２１」を1年間をかけて策定した。

教育の項目では、「Ｓｏｃｉｅｔｙ５・０（人工知能やデータベースを利用して人とモノがつながる社会）を越えて活躍する未来志向の人材育成」、研究・産学官イノベーションの項目では「スタートアップ企業支援によるイノベーション」、医療の項目では「ビッグデータ・高度情報技術・ロボット技術の利活用」など、近未来を見据えた挑戦的なプランを盛り込んでいる。

また、名市大は１９５０（昭和25）年に開学し、２０２０（令和２）年は70周年にあたる。記念事業については、開学65周年を終えた直後から教職員、学生、同窓会らが連絡を密にし、準備を進めてきた。

しかしながら、新型ウイルス感染症のため、多くの事業は中止または延期を余儀なくされた。そこで２０２１年度までを70周年イヤーとして、事業を継続して企画・実施している。

主な事業としては、学生会館を全面改装し、会館内には「大学史資料館」を新設して、開学当時を偲ばせる貴重な資料や国際交流校との記念品などを展示している。これにより愛校心がより一層醸成されることを願っている。

桜山（川澄）、滝子（山の畑）、田辺通、北千種の４キャンパス内にはそれぞれモニュメントを建設し、開学70周年誌を発刊した。

記念企画として、健康にまつわる話を市民向けに書き下ろした「名市大ブックス」（中日新聞社発行）がある。１巻につき14人が筆を執り、２０２１（令和３）年内までには10巻となる予定。１冊１千１００円と価格が手ごろなこともあって、どの巻もベストセラーになっている。

２０２１年11月には65周年の時と同じように、海外から４人のソリストを招き、愛知芸術文化センターで「第九」の演奏と合唱を行う。

一連の事業の締めくくりとも言うべき記念式典は、22（令和４）年２月に開催する予定だ。

新たな羅針盤として策定した「名市大未来プラン2021」

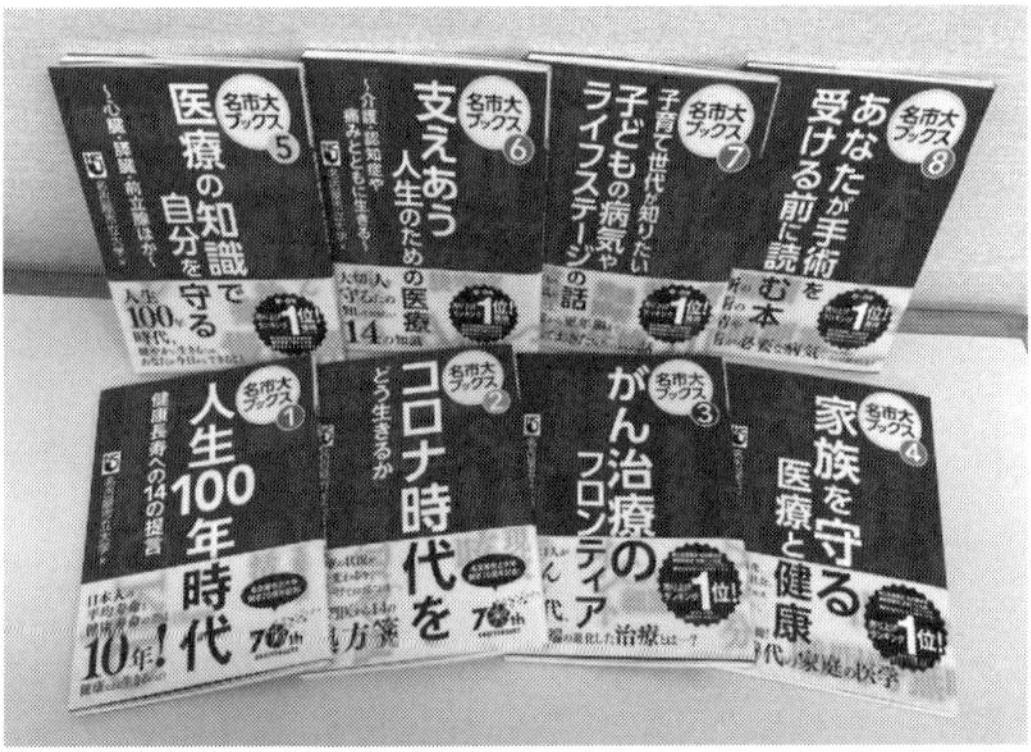

開学70周年記念事業の一環として上梓した
名市大ブックス(1 ～ 8巻)

社会に役立つ

大学の私の部屋には、「人の一生は重荷を負うて遠き道を行くが如し」で始まる徳川家康の遺訓を揮毫《きごう》して掲げている。行き詰まった時、悩んだ時など、その時の私の心境に合わせて、遺訓の一節に目を留め、心を新たにしている。

わが国の大学では、教授を退職する時に最終講義をすることが多い。私は「凌雲之志《りょううん》」と題して、「人に支えられ、人を育て、人に尽くす」をサブタイトルに講演を行った。「凌雲之志」は教室の先生や私が、優れた成果を上げた時にこそ、そこで満足せず、謙虚深く、より高い志を抱いて努力しようというメッセージを込めて揮毫し、教室内に掲げたものである。

サブタイトルは「これまで多くの人に支えられてきた」深い感謝の思いである。命の恩人、恩師や共同研究者、受賞に推挙していただいた方々、名古屋市の方々、泌尿器科のスタッフ、大学の執行部や教職員の方々、そして家族の協力がなければ、私は今日までの仕事をすることはできなかった。

一方、悲しい出来事があった。28年前、名古屋に来た直後に、わが家のベランダにやって来た愛猫「クロちゃん」が、26歳というギネス並みの天寿を全うしたことだ。私たちを支えてくれたクロちゃんや4匹の犬猫にも深く感謝したい。

サブタイトルの「人を育てる」ことは、私を支えていただいた方々への恩返しの思いである。子どもがいない私にとって、若い人たちの成長を見るのは楽しみである。「社会に役立つ人、人に尽くす人になってほしい」という父の言葉をいつも心に刻んでいる。

最終講義には、大教室に立ち見ができるほど多くの方々にお越しいただいた。その中に患者さんとご家族が多数おられたことに私は感激した。90数歳で亡くなられた患者さんのご家族からの「父は先生の診察室に行くのを楽しみにしていました」というお手紙や、大阪の患者さんたちからの「今でも元気です」というお便りは、医者冥利《みょうり》につきる。

私は72歳で、まだ人生を振り返る年齢ではないが、今回、マイウェイをお引き受けしたのは、さらなる夢の実現に向けて、自分自身を見つめ直す機会を得たいと考えたからだ。

「名市大の明るい未来」を教職員とともに築かねばならない。次世代を担う人材を育成することは私の生涯の使命だ。研究者としての人生もまだ終わってはいない。何より尿路結石の分野で創薬を開発し、予防法を確立するという大きな目標を実現させたい。なすべきことは、まだまだたくさんある。

「凌雲之志」の揮毫と「最終講義」の風景

あとがき

8年前、マイウエイのお話をいただいた。「半生を語るにはまだ早い」と丁重にお断りしたが、古希を過ぎた現在、半生を振り返る良い機会だと即諾した。

自叙伝とは言え、ゴーイング・マイウエイにならないよう留意しながら自分の足跡を辿ったつもりだが、時には自慢話になり面映ゆい。

「先生は順風満帆ですね」と言われることがあるが、「とんでもない」。マイウエイに語れないことが沢山ある。子供に恵まれず、仕事で行き詰まり、学内の不祥事に奔走し、人間関係や失恋などは他人にも関わるので筆が重くなった。

教室を主宰してから学長まで、仕事の重さに比例して緊張感や苦渋は自ずと増えたが、仲間と共に成果を得られた時には苦労が一気に払拭されるマイウエイであった。振り返ってみて、お世話になった方々が実に多いことに改めて深く感謝している。それらすべてを紹介できなかったのは申し訳ない。

ところで、人生には年齢層に応じて一定の周期があり、スパイラルのようにして変化しながら成長しているように思う。小学校入学前から大学卒業までは、中高校を一つに捉えると「6年周期」である。

言い方を変えれば、その年齢層にしかできないことをすることで成長している。幼少期には遊びや喧嘩で人への思いやりを培い、中高校では知識と思考力を養い、大学では感性・徳性・知性を兼ね備え、人生の基盤を築いている。

「6年周期」の考え方は変化し、40歳頃からは「4年周期」に、最近では「1～2年周期」になっている。それを如実に示すのが、本拙書は4章55項目の構成だが、各章の「1年当たりの項目数」が年齢と共に増えていることである。

それにしても、「自然現象は何事も指数関数で変化する」の持論がヒトの周期にも当てはまることは興味深い。

「1～2年周期」になった現在、サミュエル・ウルマンの詩「青春」にある「信念・自信・希望」を失わず、夢を持ち、人を育て、研究を続け、筋の通った仕事を生涯したいと思う。

最後に、本拙書の項目タイトルの中から「3つ引用」し、今後の人生を語りたい。私が「知る人ない名古屋」に来たのが44歳。「名古屋人として認められる」には、その倍以上の年齢まで心身共に健康で「社会に役立つ」ことである。

本拙書の出版にあたり、中部経済新聞編集局春田昭継さん、企画開発局安藤翔平さんら多くの方々、秘書の中村則子さんはじめ皆さま方にお世話になった。これまで支えてくれた妻と両親、家族に感謝している。

2021年10月吉日

筆　者

＊本書は中部経済新聞に令和元年7月1日から同年8月31日まで52回にわたって連載された『マイウェイ』を改題し、新書化にあたり加筆修正しました。

郡　健二郎（こおり　けんじろう）

1973（昭和48）年大阪大学医学部卒。
東大阪市立中央病院、近畿大学医学部講師を経て、南マンチェスター大学（英国）留学。93年名古屋市立大学医学部教授、2001年同附属病院長、05年医学研究科長・医学部長、14年から現職。2007年紫綬褒章受章。前公立大学協会会長。専門は泌尿器科学。東大阪市出身。

中経マイウェイ新書 052
自由と創造

2021年11月18日　　初版第1刷発行

著者　郡　健二郎

発行者　恒成 秀洋　発行所　中部経済新聞社

名古屋市中村区名駅4-4-10　〒450-8561
電話　052-561-5675（事業部）

印刷所　西川コミュニケーションズ株式会社
製本所　株式会社渋谷文泉閣

ISBN978-4-88520-237-7